SQUASH

LERNEN

leicht · schnell · gründlich

JAHANGIR KHAN
KEVIN PRATT

Übersetzung und deutsche Bearbeitung
von Holger Sprekels
Fotos von Matthew Ward

DELIUS KLASING VERLAG

Originaltitel: **Learn Squash in a Weekend**
Copyright© 1993 by Dorling Kindersley Limited, London
Text Copyright© 1993 by Jahangir Khan

Die Deutsche Bibliothek – CIP-Einheitsaufnahme
Squash lernen: leicht – schnell – gründlich/
Jahangir Khan, Kevin Pratt
Übers. und dt. Bearb. von Holger Sprekels
Fotos von Matthew Ward. –
Bielefeld: Delius Klasing, 1995
Einheitssacht.: Learn squash in a weekend <dt.>
ISBN 3-7688-0874-2
NE: Khan, Jahangir; Ward, Matthew; Sprekels, Holger [Bearb.]; EST

ISBN 3-7688-0874-2
Die Rechte für die deutsche Ausgabe liegen beim Verlag
Delius, Klasing & Co., Bielefeld
Gesamtherstellung:
Kunst- und Werbedruck, Bad Oeynhausen
Printed in Germany 1995

INHALT

EINFÜHRUNG

SQUASH IST MEIN LEBEN. Schon als kleiner Junge in Pakistan hatte ich nur eines im Sinn: diesen kleinen Ball in einem Squashcourt herumzuschlagen. Ich kam nach England und machte mich daran, mein Ziel, bester Spieler der Welt zu werden, zu verwirklichen. 1981 erfüllte sich dann mein Traum: Mit 17 Jahren gewann ich die Weltmeisterschaft gegen meinen alten Rivalen Geoff Hunt. Anschließend blieb ich 5 Jahre, 7 Monate und 1 Tag ungeschlagen – ein Rekord, der bis zum heutigen Tag bestehen bleiben sollte. Obwohl ich nun schon viele Jahre an der Spitze dieses Sports stehe, meine Liebe zum Squash ist ungebrochen. Man findet immer etwas Neues, das man lernen und üben kann, und jeder Gegner bedeutet eine erneute Herausforderung. Die Regeln sind einfach zu lernen, und man kann sehr schnell vergnügliche und doch spannende Matche gegen Spieler haben, die in etwa die gleiche Spielstärke besitzen. Wenn Sie einem Verein beitreten, können Sie auch an Wettkämpfen teilnehmen und Ihre Fähigkeiten

Als Gewinner von zehn British Opens, sechs Weltmeisterschaften und zahllosen anderen Wettkämpfen auf der ganzen Welt wird Jahangir Khan als bester Squashspieler aller Zeiten in die Geschichte eingehen.

weiter verbessern, wenn Sie gegen einen
fortgeschrittenen Spieler antreten. Dieses
Buch möchte Ihnen die Grundlagen des
Squashspieles vermitteln. Sie lernen, wie
man überhaupt richtig den Ball schlägt,
erfahren alles über die Feinheiten und Techniken
des Spiels und bekommen Übungen aufgezeigt, die
Ihnen helfen werden, sich die notwendige Fitneß
anzueignen. Dieses Buch wird Ihnen auch als ein
unschätzbares Nachschlagewerk dienen, wenn Sie Ihr Spiel in
den kommenden Jahren weiter verfeinern wollen. In der ganzen
Welt sind es mittlerweile über 15 Millionen Menschen, die
regelmäßig Squash spielen. Sie sind demnach jetzt dabei, eine der
beliebtesten Sportarten der Gegenwart zu erlernen. Ich hoffe,
dieses Buch ist der Anfang einer lebenslangen Liebe zum
Squash. Egal, wie alt Sie sind, wenn Sie an diesem Sport
Gefallen finden und ein wenig Ehrgeiz entwickeln, dann
wird Ihnen dieses wundervolle Spiel viel geben, und
zwar sowohl Ihrem Körper als auch Ihrem Geist.

JAHANGIR KHAN

DIE VORBEREITUNG

Eine optimale Vorbereitung ist der Schlüssel zum Erfolg.

Sie werden mehr lernen und haben auch viel mehr Spaß, wenn Sie sich gut vorbereiten. Buchen Sie zunächst in einer nahegelegenen Squashanlage einen Court. Es wäre sehr hilfreich, wenn Sie einen Partner hätten, der genauso gerne das Squashspielen erlernen möchte wie Sie. Besorgen Sie sich die richtige Ausrüstung. Dazu gehören geeignete Squashschuhe, Kleidung, Schläger und Bälle. Bevor Sie zu spielen anfangen, sollten Sie unbedingt etwas für Ihre körperliche Fitneß tun. Es lohnt sich, eine alte Squashweisheit zu befolgen: „Machen Sie sich fit, um Squash zu spielen, spielen Sie nicht Squash, um fit zu werden."

Setzen Sie sich mit den Spielregeln auseinander (siehe Seite 17), so daß Sie schon ein grundlegendes Verständnis vom Spiel haben, ehe Sie auch nur einen Fuß in einen Court gesetzt haben. Machen Sie sich mit den Spielfeldmarkierungen vertraut, schauen Sie sich an, von wo man aufschlägt, wo man den Ball annimmt und wo man während eines Ball- wechsels steht. Halten Sie Ihren

DIE BEKLEIDUNG

Kaufen Sie sich eine wirklich gute Squashausrüstung, einschließlich Spielkleidung und Trainingsanzug. Tennis- und Trainingsschuhe kön- nen gute Squashschuhe nicht er- setzen.

• *Wählen Sie den Ball, der zu Ihrer Spiel- stärke paßt.*

SCHLÄGER UND BÄLLE

Wählen Sie den für Sie geeig- neten Schläger aus, keinen zu schweren und keinen zu leich- ten. Der Griff soll gut in der Hand liegen. Kaufen Sie schnel- le und langsame Bälle, und pro- bieren Sie, mit welchem Ball Sie am besten zurechtkommen.

• *Kaufen Sie gute Squashschuhe.*

• *Verstauen Sie Ihre Ausrüstung in einer Sporttasche.*

Der Griff muß gut in • *der Hand liegen.*

• *Damit der Schläger nicht rutscht, sollten Sie Griffbänder benutzen.*

Schläger gleich von Anfang an richtig, denn nur so können Sie Ihre anfängliche Unsicherheit im Court rasch überwinden und sich gleichzeitig eine solide Schlagtechnik aneignen. Bevor Sie sich mit dem Squashspiel näher befassen, sollten Sie sich vorher einmal in ein Squashcenter begeben und dort anderen Spielern beim Spiel zusehen. Sie werden so einen ersten Eindruck von diesem herrlichen Sport bekommen, und es wird Ihnen sicherlich geradezu in den Fingern jucken, es selbst einmal zu probieren.

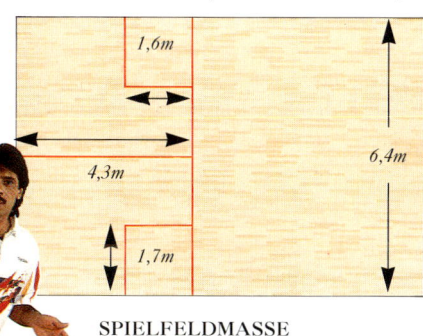

9,7m

1,6m

6,4m

4,3m

1,7m

• *Lernen Sie das korrekte Ausholen.*

SPIELFELDMASSE
Sie können bereits ein gutes Gefühl für die Ausmaße eines Squashcourts entwickeln, indem Sie einfach einmal in einem solchen herumgehen. Nehmen Sie sich die Zeit, andere Spieler zu beobachten, wie und wohin sie sich während des Spieles bewegen.

SPIELREGELN
Lernen Sie, was die Regeln über Behinderung und unerlaubtes Schlägerschwingen sagen. Nur dann haben Sie viel Spaß am Spiel, gefährden nicht den Mitspieler und können auch nicht wegen Regelverletzung ausgeschlossen werden.

• *Schauen Sie geradeaus.*

AUFWÄRMEN: AUF DEM COURT
Ihre Muskeln sollten geschmeidig sein. Machen Sie sich deshalb auf dem Court gründlich warm. Sie vermeiden damit Muskelverletzungen und -verhärtungen.

• *Konzentrieren Sie sich auf weiche, flüssige Bewegungen.*

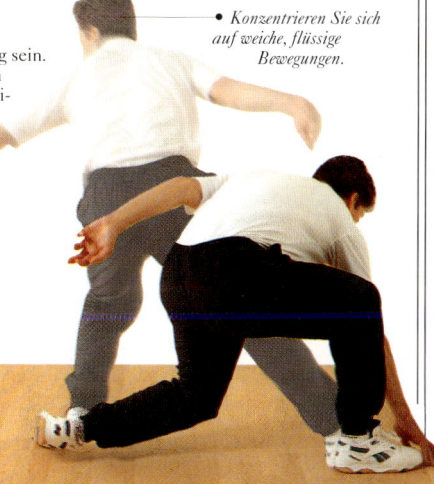

AUFWÄRMEN: AUSSERHALB DES COURTS
Schon bevor Sie den Court betreten, sollten Sie Ihre Muskeln auf das Spiel vorbereiten. Gehen Sie in eine Turnhalle oder in einen anderen großen Raum, und machen Sie dort regelmäßig Gymnastik.

• *Üben Sie, um Ihre Kraft und Ausdauer zu verbessern.*

SQUASHBEKLEIDUNG

Unter Squashspielern heißt es: „Zieh Dich gut an, und Du wirst auch gut spielen".

Squash ist ein schnelles und dynamisches Spiel, keine Modenschau, und dennoch ist es wichtig, sich angemessen anzuziehen. Wenn Sie in schäbigen oder schmutzigen Sachen spielen, zeigen Sie wenig Respekt vor Ihrem Gegner, vor sich selbst und vor diesem Sport. Gepflegte, saubere Kleidung beweist Ihre ernsthafte Einstellung dem Spiel gegenüber. Hosen, Röcke und Hemden müssen dehnbar sein, damit Sie sich gut bewegen können. Vermeiden Sie Materialien, die nicht schweißaufnehmend sind. Damit Sie sich zwischendurch einmal abtrocknen können, nehmen Sie am besten ein Handtuch mit in den Court. Legen Sie Geld und Wertsachen in Ihre Sporttasche, und stellen Sie diese ganz vorne an die Stirnseite des Courts. Ausgesprochen wichtig sind gute Squashschuhe, um Ausrutschen und Verletzungen zu vermeiden.

WAS MAN AUSSERHALB DES COURTS TRÄGT

Was Sie vor und nach dem Spiel tragen, ist fast genauso wichtig wie die eigentliche Spielkleidung. Ein Trainingsanzug hält Sie warm, wenn Sie vor dem Spiel Ihre Muskeln lockern und dehnen, und verhindert ein schnelles Abkühlen nach dem Spiel. Sie können Ihren Trainingsanzug ruhig tragen, wenn Sie sich zum Court begeben, aber ziehen Sie ihn niemals nach dem Spiel über Ihre Squashsachen – die feuchte Kleidung würde Sie frösteln lassen. Tragen Sie Ihre Squashschuhe auf keinen Fall außerhalb des Courts – es würde der Schuhsohle sehr schaden.

MATERIAL
Wählen Sie einen bequemen und elastischen Trainingsanzug aus wärmendem Material; dann können Sie Ihre Muskeln anspannen und lockern, ohne Verletzungen befürchten zu müssen, wie sie bei kalten Muskeln nur allzu häufig auftreten.

TRAININGSANZUG
Vor dem Spiel sollten Sie zum Aufwärmen stets einen Trainingsanzug tragen. So beugen Sie Verletzungen auf dem Court und unnötigen Verspannungen am Tag danach vor.

SPORTTASCHE
Kaufen Sie sich eine große, mehrfach unterteilte Sporttasche. So können Sie Wertsachen, Kleidung, feuchte Sachen, Handtücher, Toilettenartikel, Schläger und Bälle getrennt verstauen.

WAS MAN AUF DEM COURT TRÄGT

Die Kleidung sollte bequem und sauber sein, denn so fühlen Sie sich frisch und sind für ein gutes Spiel bereit. Tragen Sie helle Kleidung, damit Ihr Gegner den Ball auch vor dem Hintergrund Ihres Körpers erkennen kann. Verzichten Sie auf jeglichen Schmuck, damit Sie weder sich noch, was wahrscheinlicher wäre, Ihren Gegner verletzen. Ziehen Sie Ihre Squashschuhe erst auf dem Court an.

• HEMDEN
Ein kurzärmeliges T-Shirt mit offenem Kragen gibt Ihnen die nötige Bewegungsfreiheit. Stecken Sie das Hemd stets in die Hose.

SHORTS •
Ein schnelles Spiel verlangt viele Ausfallschritte und Sprünge. Tragen Sie deshalb dehnbare Shorts, schon allein, um peinliche Mißgeschicke zu vermeiden.

• RÖCKE
Frauen sollten solche Röcke tragen, die ihnen uneingeschränkte Bewegungsfreiheit gewähren, die aber auch lang genug sind, um „ungewollte Einblicke" zu verhindern.

UNTERWÄSCHE
Wenn Sie sich auf dem Court wohl fühlen wollen, dann ist die Unterwäsche schon sehr wichtig. Frauen sollten sich einen guten Sport-BH zulegen. Schlecht sitzende Unterwäsche wird sich während des Matches bemerkbar machen und Sie vom Spiel ablenken.

• SOCKEN
Gute Socken helfen Blasen verhindern. Kaufen Sie keine billigen oder schlecht sitzenden – Ihre Füße werden es Ihnen danken.

SCHUHE

Das richtige Schuhwerk ist äußerst wichtig. Kaufen Sie sich ein Paar wirklich gute Squashschuhe, und vertrauen Sie nicht auf normale Trainings- oder Tennisschuhe. Die Griffigkeit, die Hacke und der Knöchelschutz sind bei einem Squashschuh völlig anders und wirken sich im Spiel und bei der Verhinderung von Verletzungen aus. Die Schuhsohlen dürfen keinen Abdruck hinterlassen. Tragen Sie die neuen Schuhe zu Hause ein, um Blasen zu vermeiden. Binden Sie die Senkel so, daß nie ein Teil davon den Boden berührt – Sie könnten sonst böse stürzen.

Schuhe mit gutem Profil •
helfen, sich schnell zu drehen
und zu starten.

Die Hacke eines •
Schuhes sollte nicht stärker
als 3 cm sein.

SCHLÄGER UND BÄLLE

Wählen Sie Ball und Schläger, die Sie für sich am geeignetsten halten.

Die Fortschritte in der Herstellung von Squashschlägern sind gewaltig. Früher konnte man einen kaum von einem anderen unterscheiden, da alle aus Holz gearbeitet waren und Naturdarmsaiten besaßen. Aber die heutige Schlägergeneration besteht aus Graphit, hat Kunstsaiten und besitzt unterschiedlich gestaltete Kopfformen. Ihre Vielfalt kann für den Anfänger schon sehr verwirrend sein. Um verschiedenen Spielbedingungen gerecht zu werden, hat man vier Balltypen entwickelt.

SCHLÄGER

Wählen Sie einen Schläger, der sich gut anfühlt. Wenn er Ihnen wie ein Stein oder wie eine Feder vorkommt, dann ist er entweder zu schwer oder zu leicht. Probieren Sie mehrere aus, bevor Sie sich für einen endgültig entscheiden. Es ist reine Geldverschwendung, wenn Sie sich gleich das teuerste Modell kaufen, denn nur Spitzenspieler können dessen Vorteile wirklich ausnutzen. Die billigsten sind oft minderwertig und können schnell zerbrechen. Fragen Sie andere Spieler, was sie Ihnen empfehlen würden.

SCHLÄGER-KOPF •
Egal, wie groß ein Schlägerkopf ist, es ist seine Mitte, mit der man den Ball spielen sollte. Ein größerer Kopf ist, wenn überhaupt, nur ein psychologischer Vorteil.

„Open Throat"
Schlägerkopf •

VIBRATION
Wenn Sie den Ball spielen, wird eine große Kraft erzeugt, und einiges davon geht über den Schläger in Ihren Arm. Vibrationsstopper (siehe oben), die in die Mitte der Bespannung eingebaut sind, helfen, diese Belastung zu verringern.

• Vibrationsstopper

Kleiner, runder
Schlägerkopf •

• Großer, ovaler
Schlägerkopf

GRIFF (SCHAFT) •
Graphitschläger sind stärker als die aus Holz, was wichtig ist, wenn Sie einmal statt des Balles die Wand treffen sollten. Aber auch der beste Schaft ist nicht unzerstörbar.

• BESPANNUNG
Wenn Saiten reißen, können sie leicht ersetzt werden. Manche Spieler schwören auf Darmsaiten, aber die sind nicht so haltbar wie die aus Nylon.

sehr lang-
sam: für den
Wettkampf

langsam: •
zum Üben

gelber Punkt   *weißer Punkt*

• Medium:
für Anfänger

schnell: für •
absolute
Beginner

roter Punkt   *blauer Punkt*

BÄLLE

Squashbälle sind hohl. Im Spiel werden sie warm, und die Luft in ihrem Innern dehnt sich aus und läßt die Bälle höher abspringen. Je besser Sie spielen, desto langsamer sollte der Ball sein. Wenn Sie einen zu schnellen nehmen, springt dieser so stark ab, daß ein gutes Squashspiel fast unmöglich wird. Am Anfang sollten Sie einen Ball mit einem roten oder blauen Punkt benutzen; langsam können Sie dann, wenn Sie geübter werden, einen Ball mit einem weißen oder gelben Punkt spielen.

SCHLÄGERHÜLLEN

Die meisten Schläger erhalten Sie bereits mit Hüllen geliefert, ansonsten sollten Sie sich eine kaufen. Sie schützt den Rahmen und verhindert ein Reißen der Saiten. Auch schützt sie den Schläger vor Regen und vor außergewöhnlicher Kälte; beides kann die Festigkeit von Saiten und Schaft nachhaltig beeinträchtigen.

SICHERHEIT
Am besten sollte man Schläger und Bälle stets in der Hülle lassen. Für den Fall, daß sie Ihnen einmal abhanden kommt, wäre ein eingeklebter Zettel mit Namen und Adresse sehr hilfreich.

• Hülle
für einen
Schläger

• Hülle
für
mehrere
Schläger

GRIFFE

Frottee

Bänder aus Velours
oder Frottee nehmen
Feuchtigkeit auf, nut-
zen aber schnell ab.

Leder

Ein Lederband hält
länger, wird aber
während eines Spiels
schnell feucht.

Synthetics

Synthetische Bänder
sind sehr haltbar,
werden aber schnell
glatt und rutschen.

Schläger haben Griffe aus Velours, Frottee, Leder oder Synthetics. Velours- und Frotteegriffe nehmen Feuchtigkeit auf, nutzen aber schnell ab. Leder hält länger, wird aber naß, wenn Sie schwitzen. Synthetics halten ebenfalls sehr lange, haben aber eine glatte Oberfläche und können Ihnen aus der Hand gleiten, was für Ihren Gegner sehr gefährlich werden kann. Welchen Griff auch immer Sie benutzen, trocken muß er sein. Gebrauchen Sie zwischen den Ballwechseln stets ein Handtuch, um Ihre Hände abzutrocknen. Wenn Sie eine große Hand haben, polstern Sie den Griff, um ihn dadurch größer zu machen. Der Abstand zwischen Finger und Handfläche sollte in etwa 1 cm betragen.

DER SQUASHCOURT

Es ist wichtig, sich mit dem Schauplatz des Geschehens vertraut zu machen.

Ein Squashcourt sieht zunächst recht klein aus. Aber der Eindruck ändert sich, nachdem Sie das erste Mal von einem Ende des Courts zum anderen gerannt sind, um einen Ball zu erreichen. Das Geheimnis des Spiels ist deshalb, den Gegner aus seiner günstigen Position zu verdrängen, um dann selber diese für sich einzunehmen. Gönnen Sie sich ein paar Minuten, und gehen Sie einfach einmal im Court herum, und machen Sie sich mit den Maßen in dieser einzigartigen Arena vertraut.

MARKIERUNGEN

Rote Markierungen finden Sie an den Wänden und auf dem Boden. Sie bestimmen, wo Sie beim Aufschlag stehen müssen und wohin Sie den Ball spielen dürfen. Den Aufschlag, den ersten Schlag eines jeden Ballwechsels, müssen Sie gegen die Stirnwand oberhalb der Aufschlaglinie spielen, bevor der Ball eine andere Wand berühren darf. Er muß dann über die Querlinie in das Feld des annehmenden Spielers fliegen, bevor er auf den Boden prallt. Tut er das nicht, oder berührt er die Wand oberhalb der Auslinie oder das Tin, verliert der Aufschläger sein Aufschlagrecht.

9,7 m

Auslinie

2,1 m

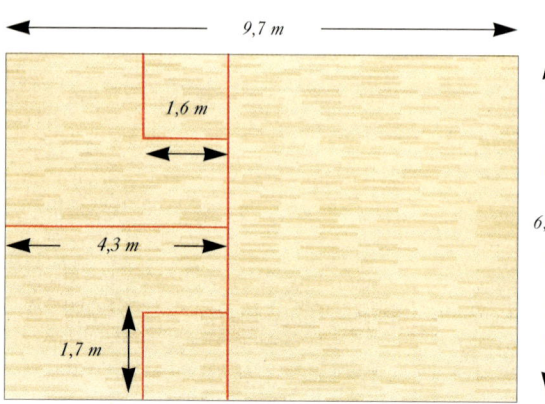

9,7 m

1,6 m

4,3 m

1,7 m

6,4 m

BODENMARKIE-RUNGEN

Sie müssen beim Aufschlag mit einem Fuß im Aufschlagviereck stehen. Wenn sie als Aufschlagender einen Punkt gewinnen, müssen Sie das Aufschlagviereck wechseln, und zwar so lange, bis Sie den Ballwechsel verloren haben. Dann erhält Ihr Gegner das Aufschlagrecht. Die Stelle, an der sich Quer- und Mittellinie treffen, nennt man das T. Dieser Ort ist für das Spiel von größter strategischer Bedeutung.

WANDMARKIERUNGEN
Der Ball ist „aus", wenn er oberhalb der Auslinie auftrifft oder das Tin berührt. Auch eine Linienberührung zählt als „aus".

AUSMASSE

Die hauptsächliche Spielfläche ist die Stirnwand. Sie ist 4,60 m hoch und 6,40 m breit. Der Court mißt in der Tiefe 9,70 m und in der Diagonale 11,70 m. Die Höhe der Seitenwände verringert sich bis auf 2,10 m, das ist die Höhe der Rückwand. Alle Aufschläge müssen oberhalb der 1,80 m hohen Aufschlaglinie auftreffen.

6,4 m

2,7m

Auslinie

4,6 m

Aufschlaglinie

1,6 m

Tin: 48 cm

2,1m

Querline

Mittellinie

6,4 m

FERNSEHCOURT

Der Popularitätszuwachs von Squash in den letzten Jahren hat auch den Bedarf an zuschauergerechten Courts geweckt. Gläserne Courts wurden gebaut, die wie einseitige Spiegel wirken, d. h., die Zuschauer können durch alle vier Seiten hineinsehen, die Spieler aber nicht hinaus. Damit Kameras die Spannung dieses schnellen Sports besser erfassen können, wurden fernsehgerechte Bälle entwickelt.

• *Der leuchtende Ball ist im Fernseher besser auszumachen.*

Dem Spiel kann von allen Seiten zugesehen werden.

SPIELREGELN

Die Regeln existieren, um Squash sicher und vergnüglich zu machen.

Squash ist ein schnelles und aufregendes Spiel, das in einem umschlossenen Raum stattfindet. Somit sind strenge Regeln notwendig, um einen sicheren und fairen Wettstreit zu gewährleisten. In einem harten Match ist ein Körperkontakt zwischen den Spielern fast unvermeidlich, da beide um positionelle Vorteile kämpfen, aber die Regeln lassen den Einsatz von brutaler Gewalt nicht zu. Es gibt auch Vorschriften, die ein unkontrolliertes Schlägerschwingen betreffen. Die wichtigsten Faktoren jedoch, die Squash sicher machen, sind Rücksichtnahme und gesunder Menschenverstand. Dies gilt besonders im freundschaftlichen Wettkampf, wo es ja nur selten Schiedsrichter gibt. Beide Spieler müssen Geduld und Beherrschung walten lassen, damit ein dynamisches und vergnügliches Match zustande kommt und das Risiko von Verletzungen ausgeschlossen wird.

• SCHLÄGER
Mit einem wilden Ausholen könnten Sie Ihren Gegner am Kopf treffen.

SICHERHEIT

Während eines Spiels sprinten beide Kontrahenten durch den Court, um den Ball zu spielen und um schnell zum T zurückzukehren. Das bedeutet unweigerlich, daß sie sich von Zeit zu Zeit gegenseitig im Wege stehen. Die Nähe zueinander kann es auch mit sich bringen, daß man den Gegner beim Auf- oder Ausschwung treffen kann. Es besteht auch das Risiko, daß ein Spieler vom Ball getroffen wird. All das bedeutet, daß Sicherheit das oberste Gebot sein muß. Jeder Spieler sollte wissen, was sein Gegner gerade tut und wo er steht, damit ein Kontakt vermieden werden kann.

ARM •
Benutzen Sie Ihren Arm, um die Balance zu wahren und sich auf den nächsten Schlag vorzubereiten.

DURCHSCHWINGEN
Ein übertriebenes Durchschwingen ist nicht nur gefährlich, es ist verboten und könnte dazu führen, daß Sie den Punkt verlieren, wenn der Schiedsrichter der Meinung ist, Sie hätten rücksichtslos gespielt.

• FÜSSE
Bewegen Sie sich rechtzeitig, um so Ihr Positionsspiel und Ihren Durchschwung zu verbessern.

DIE WESENTLICHEN SQUASHREGELN

AUFSCHLAG

• Mit einem Münzwurf oder einem Drehen des Schlägers wird der erste Aufschläger ermittelt. Er beginnt im Aufschlagviereck seiner Wahl und wechselt zwischen diesem und dem anderen, bis er das Aufschlagrecht verliert. Sein Gegner verfährt dementsprechend.

Ein Fuß des Aufschlägers muß ständig den Boden innerhalb des Aufschlagvierecks berühren.

• Ein Aufschlag muß oberhalb der Aufschlaglinie auf die Stirnwand treffen und von dort – mit oder ohne Seitenwandberührung – in die dem Aufschläger gegenüberliegende hintere Courthälfte fliegen. Wenn der Ball außerhalb dieser landet oder auf die Stirnwand unterhalb der Aufschlaglinie trifft, wechselt das Aufschlagrecht erst dann, wenn der Aufschläger zwei solche Aufschlagfehler nacheinander macht.

• Der Aufschläger muß beim Aufschlag wenigstens einen Fuß im Aufschlagviereck haben und den Ball ohne vorherige Seitenwandberührung gegen die Stirnwand spielen. Landet der Ball im Aus oder berührt er das Tin, wechselt das Aufschlagrecht sofort.

Ein Spieler muß sich alle Mühe geben, an den Ball zu kommen.

DER BALL

• Im Spiel kann der Ball gegen jede Wand geschlagen werden, entscheidend ist nur, daß er vor der Bodenberührung die Stirnwand getroffen hat.

• Wenn der Ball mehr als einmal auf den Boden prallt, bevor er geschlagen wird, gilt der Ballwechsel als verloren.

• Der Schläger darf den Ball nur einmal berühren. Ein „Doppelschlag" ist verboten und hat den Punktverlust zur Folge.

EIN LET GEWÄHREN

• Wenn ein Spieler so behindert wird, daß er nicht an den Ball kommen oder ihn unbedrängt schlagen kann, sollte er das Spiel unterbrechen und ein Let beantragen. Wenn er jedoch weiterspielt oder auch nur versucht zu schlagen, wird ein Let nicht gewährt.

• Ein Let wird nicht gewährt, wenn die Meinung vorherrscht, daß der Spieler den Ball gar nicht erreichen konnte oder daß er sich nicht aufrichtig um diesen bemüht hat. Wenn der Schlagversuch erfolglos war, wird kein Let gewährt, es sei denn, es gab eine offensichtliche Behinderung bei der Ausführung des Schlages.

• Wenn ein Let gewährt oder bei Fehlen eines Schiedsrichters zwischen den Spielern vereinbart worden ist, wird der Ballwechsel wiederholt. Ein Let wird gewährt, wenn ein Spieler ohne Behinderung seitens des Gegners an den Ball gekommen wäre.

EINEN PUNKT GEWÄHREN

• Wenn ein Ballwechsel bei klarer Gewinnchance eines Spielers unterbrochen wird, erhält dieser den Punkt.

• Ein Punkt wird dem Spieler zugesprochen, der in einer aussichtsreichen Spielsituation behindert worden ist, oder wenn sein Gegner sich nicht ausreichend bemüht hat, Ball, Schläger oder seinem Kontrahenten aus dem Weg zu gehen.

• Ein Punkt wird dem Spieler zugesprochen, der mit dem Ball, der ansonsten eindeutig die Stirnwand erreicht hätte, seinen Gegner trifft. Wäre der Ball zuerst gegen eine Seitenwand geprallt, gibt es ein Let, und der Ballwechsel wird wiederholt. Gleiches gilt, wenn ein „blind" gespielter Ball aus einer der hinteren Ecken den Gegner trifft.

ZÄHLWEISE

• Ein Spiel endet, wenn einer der Spieler 9 Punkte erreicht hat. Beim Spielstand von 8 : 8 kann der Rückschläger entscheiden, ob bis 9 oder 10 Punkte weitergespielt werden soll. Punkte kann jeweils nur der Aufschläger erzielen.

• Es besteht die Möglichkeit, daß sowohl Aufals auch Rückschläger Punkte erzielen können. Ein Spiel endet dann bei 15 Punkten. Beim Spielstand von 14 : 14 entscheidet wiederum der Rückschläger, ob man zum Sieg 15 oder 16 Punkte benötigen muß.

Der Ball darf nur einmal aufspringen bzw. vom Schläger berührt werden.

SICH IN FORM BRINGEN

Kräftige Muskeln und Ausdauer lassen Sie Squash erst so richtig genießen.

WENN SIE SQUASH SPIELEN, wird von Ihnen einiges verlangt, nämlich Gelenkigkeit, um an alle Bälle zu kommen, Kraft, um druckvolle Schläge auszuführen, und Ausdauer, um ein langes Match konditionell zu überstehen. Trainieren Sie deshalb den Bauch, die Beine und die Arme. Damit Sie am nächsten Tag nicht unter Schmerzen leiden, sollten Sie sich stets gründlich aufwärmen.

AUSSERHALB DES COURTS

Machen Sie außerhalb des Courts gymnastische Übungen, um Ihr Herz und Ihre Muskeln auf die kommenden Spiele einzustellen.

GELENKIGKEIT

Es ist wichtig, daß Ihre Arme und Beine belastbar sind, denn mal müssen Sie sich tief zum Schlagen abbücken, dann wieder sich nach einem hohen Ball strecken, mal müssen Sie durch den Court sprinten, um dann gleich wieder zu stoppen, zu drehen und wieder loszulaufen, und das alles in kürzester Zeit. Ihren Beinen wird also viel abverlangt. Darum sollten Übungen zur Beweglichkeit der Beine einen Teil Ihres Fitneßprogramms ausmachen. Laufen Sie vor einem Spiel ein paar Minuten auf der Stelle.

Strecken Sie beide Arme zur Seite aus. Die Finger bleiben gerade.

Berühren Sie mit den Fingern Ihre Zehenspitzen.

WINDMÜHLE
Stellen Sie Ihre Beine etwa 60 cm auseinander. Halten Sie Ihre Arme waagerecht. Führen Sie jetzt Ihre linke Hand zum rechten Fuß und zurück und dann die rechte Hand zum linken Fuß und zurück. Die Knie bleiben dabei durchgestreckt. Machen Sie diese Übung etwa 20mal.

Legen Sie Ihr Bein auf eine Bank, und drücken Sie es dabei durch.

STEP-UPS
Steigen Sie mit dem rechten Fuß voran auf eine Bank oder einen Kasten (30 cm hoch) und wieder hinunter. Machen Sie dieses etwa eine Minute lang, dann eine weitere Minute mit dem linken Fuß voran.

ANHOCKEN
Hocken Sie sich hin, wobei das Gewicht auf den Armen ruht. Stoßen Sie Ihre Beine nach hinten weg, und ziehen Sie Ihre Knie wieder an die Brust. Machen Sie diese Übung 20mal.

KRAFT

Es ist nützlich, den Ball hart schlagen zu können und eine ausreichende Kondition für ein Spiel zu haben. Deshalb sind Übungen, die einen Kraftzuwachs bringen, sehr wichtig. Sie sollten zwei- oder dreimal pro Woche für etwa eine Stunde etwas für Ihre Kraft und Fitneß tun. Vernachlässigen Sie nicht das Aufwärmen, bevor Sie den Court betreten, denn nur so stellen Sie sicher, daß Ihre Muskeln, die Sie im Training gestärkt haben, auch wirklich warm sind. Gymnastik wird Sie kräftigen und beweglicher machen, aber ein Bodybuilder sollte aus Ihnen nicht werden. Muskeln sind schwer, und wenn Sie zuviel davon haben, müssen Sie auch mehr Gewicht schleppen.

Drehen Sie Ihre ausgestreckten Arme mit je einem Gewicht in den Händen.

ARMDRÜCKEN

Halten Sie ein leichtes Gewicht in jeder Hand. Führen Sie jetzt Ihre Arme, die am Körper anliegen, ausgestreckt in die Waagerechte. Machen Sie drei Durchgänge von je zehn Armhebungen.

Für diese Übung müssen Ihre Beine 15 cm auseinander stehen.

Ihre Beine sind durchgestreckt, das Gewicht lastet auf den Zehen.

Ihre Ellenbogen dürfen nicht am Körper anliegen.

LIEGESTÜTZEN

Legen Sie sich lang ausgestreckt auf den Bauch, und drücken Sie sich mit den Armen hoch. Versuchen Sie, drei Durchgänge von je zehn Liegestützen zu schaffen.

AUFSITZEN

Legen Sie sich auf den Rücken, und ziehen Sie die Knie an. Setzen Sie sich jetzt auf, und führen zunächst den linken Ellenbogen ans rechte Knie. Legen Sie sich wieder hin. Beim nächsten Aufsitzen berührt Ihr rechter Ellenbogen das linke Knie usw. Versuchen Sie, drei Durchgänge mit zehnmaligem Aufsitzen zu schaffen.

Ihr Partner hilft Ihnen mit leichtem Druck, die Füße am Boden zu lassen.

Drücken Sie sich nicht mit den Händen hoch.

Drehen Sie sich in der Hüfte, wenn Sie den Ellenbogen zum Knie führen.

AUF DEM COURT

Wenn Sie ein schönes Spiel haben und Verletzungen und Verhärtungen vermeiden möchten, sollten Sie vor Spielbeginn Ihre Muskeln auf dem Court dehnen.

RUMPF

Squash beinhaltet viel mehr als den bloßen Gebrauch von Händen und Armen zum Spielen des Balles. Die meisten Bewegungen auf dem Court erfordern ein Dehnen und Drehen des gesamten Körpers, und deshalb ist es so unwahrscheinlich wichtig, alle Muskeln im Schulter-, Nacken-, Bauch- und Rückenbereich gründlich warm zu machen. Wenn Sie spielen, ohne sie zuerst zu lockern, riskieren Sie z. B. bei einem Ausfallschritt einen Muskelfaserriß. Das tut nicht nur furchtbar weh, Sie haben sich damit auch eine wochenlange Zwangspause eingehandelt. Abgesehen von der großen Verletzungsanfälligkeit arbeiten kalte Muskeln auch bei weitem nicht so effektiv wie warme.

• Lassen Sie Ihren Kopf langsam in beide Richtungen kreisen.

NACKENDREHEN
Entspannen Sie vor dem Spiel Ihre Muskeln im Nacken und im oberen Rückenbereich, indem Sie Ihren Kopf im und gegen den Uhrzeigersinn kreisen lassen.

Führen Sie eine • Hand hinter den Kopf, und legen Sie die andere auf den Ellenbogen.

ARMDEHNEN
Führen Sie erst den einen, dann den anderen Ellenbogen hinter den Kopf. Damit dehnen Sie Oberarm und Schulterbereich und können so freier schwingen.

Die rechte Körperseite • bleibt auf dem Boden liegen, während Sie Ihr linkes Bein anheben.

DEHNEN DER SEITEN
Legen Sie sich auf den Rücken, und strecken Sie Ihren rechten Arm nach rechts weg. Führen Sie Ihr rechtes Bein jetzt über das linke. Machen Sie dieses zehnmal, und wiederholen Sie die Übung mit dem anderen Bein.

• Ihr Arm liegt flach ausgestreckt auf dem Boden.

Halten Sie Ihre • Arme schulterbreit auseinander.

• Benutzen Sie Ihre Rückenmuskeln, um Ihre Glieder so hoch wie möglich anzuheben.

RÜCKENDEHNEN
Legen Sie sich auf den Bauch und heben Sie Kopf, Arme und Beine in die Luft (es darf aber nicht weh tun). Bleiben Sie zwei Sekunden in dieser Lage, dann entspannen Sie sich. Wiederholen Sie diese Übung zehnmal, um Ihre unteren Rückenmuskeln zu erwärmen.

BEINE

In einem Laufspiel, wie Squash es ist, bringen kräftige Beinmuskeln große Vorteile, denn man muß oft springen oder sich strecken, um an schnelle oder hohe Bälle heranzukommen. Beim Bein sind drei Bereiche besonders wichtig: der vordere und der hintere Oberschenkel sowie die Waden. Nach dem Dehnen und vor kraftraubenden Übungen sollte man ein paar Minuten auf der Stelle laufen, um Körper und Beine zu lockern. Aber hüten Sie sich davor, die Muskeln zu überdehnen.

WADENDEHNEN

Lehnen Sie sich gegen eine Wand und stellen Sie ein Bein nach hinten weg. Dehnen Sie dieses Bein, indem Sie sich voll auf die Ferse stellen.

Drücken Sie • kräftig gegen die Wand, um das Gleichgewicht nicht zu verlieren.

• Verlagern Sie Ihr Gewicht auf das gebeugte Bein, um das andere besser dehnen zu können.

• Halten Sie sich mit einer Hand an der Wand fest.

VORDERER OBER-SCHENKEL

Lehnen Sie sich mit der linken Hand gegen eine Wand, und heben Sie den rechten Fuß mit der anderen am Knöchel hoch, und biegen Sie ihn nach vorne. Drehen Sie sich um, und machen Sie dieselbe Übung mit dem anderen Bein.

• Fühlen Sie, wie sich Ihre Muskeln dehnen, wenn Sie das Bein nach vorne ziehen.

Benutzen Sie Ihren • Arm zur Balance.

HINTERER OBERSCHENKEL

Gehen Sie in eine halbhockende Position, wobei das eine Bein leicht gebeugt, das andere gestreckt ist. Bringen Sie Ihre Hüften nach hinten, und dehnen Sie somit den hinteren Oberschenkel des gestreckten Beines. Machen Sie die gleiche Übung mit dem anderen Bein.

Drücken Sie sich auf der • Ferse nach hinten.

SPRINTS

Sprinten Sie von einer Seite des Courts zur anderen. Fassen Sie dabei in die Fuge zwischen Wand und Boden.

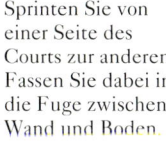

DIE PRAXIS

Der Ablauf im schnellen Überblick.

DER KURS UMFASST neun Lernziele. Er beginnt mit den Grundschlägen Vor- und Rückhand, geht über zu den wesentlichen Schlägen wie Volley, Stop und Lob und läßt kompliziertere Schläge wie die sog. angle shots folgen. Spieltaktische Varianten, wie man z. B. den Gegner in die Defensive drängt, um dann den Ball zu „töten", werden ebenfalls näher erläutert. Der Kurs wird Sie schon früh in die Lage versetzen, vergnügliche Ballwechsel zu spielen. Und am Ende des Kurses werden Sie Ihr erworbenes Können in einem echten Match zu beweisen wissen.

		Zeit in h	Seite
LERNZIEL 1 Vorhand		1¹/₂	24
LERNZIEL 2 Rückhand		1¹/₂	30
LERNZIEL 3 Volley		1	36
LERNZIEL 4 Drop		1	44
LERNZIEL 5 Lob		1	48

Aufschwung für den hohen Volley Rückhand (S. 43).

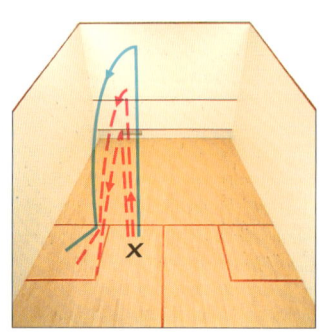

Vorbereitung für die perfekte Vorhand (S. 28).

Einzelübung für die Rückhand (S. 33).

ERLÄUTERUNG DER SYMBOLE

UHREN

Auf der ersten Seite jedes Lernzieles sind kleine Uhren abgebildet. Der blaue Kreisausschnitt zeigt, wann und wie lange Sie sich mit dem jeweiligen Lernziel beschäftigen sollen.
Betrachten Sie z. B. die Uhr auf S. 44. Der blaue Sektor gibt eine Stunde für das Lernziel 4, den Drop, vor. Der graue zeigt, wieviel Zeit mit den vorherigen Lernzielen verbracht wurde. Seien Sie aber flexibel: Die Uhr ist nur ein Anhalt. Also, nicht drängeln lassen.

SCHWIERIGKEITSGRAD •••••

Alle Lernziele sind je nach Schwierigkeitsgrad mit einer Punktwertung gekennzeichnet. Ein Punkt (•) bedeutet: relativ leicht. Fünf Punkte (•••••) signalisieren: höchster Schwierigkeitsgrad.

ÜBUNGSDIAGRAMME

Die durchgezogene blaue Linie und die gebrochene rote Linie, die auf den Abbildungen verwendet werden, zeigen die Flugbahn des Balles. Die blaue Linie wird im Diagrammtext erläutert, die rote Linie zeigt den Rückschlag oder einen Alternativschlag.

Vorhand angle shot aus dem vorderen Feld (S. 56).

Verdeckter Aufschwung für einen Vorhand Drop (S. 44).

	Zeit in h	Seite
LERNZIEL 6 Einbez. der Wände	2	52
LERNZIEL 7 Position	1	58
LERNZIEL 8 Aufschlag	1½	64
LERNZIEL 9 Ballwechsel	1½	68

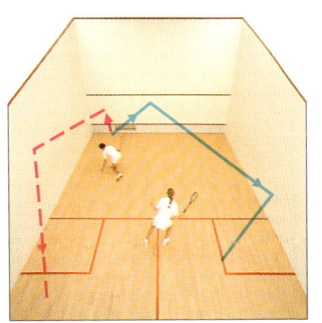

Einbeziehen der Wände und Ecken, um cross-court (diagonal) zu spielen (S. 53).

Durchziehen beim Vorhand Lob (S. 49).

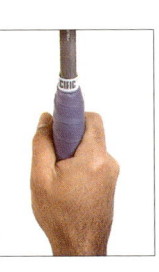

Standardgriff für die Vorhand (S. 24).

KAPITEL

1

VORHAND-
GRUNDSCHLAG

Definition: *Mit der Vorhand stehen Ihnen viele Variationen zur Verfügung,
druckvolle und gefühlvolle.*

SQUASH VERLANGT KRAFT, ABER AUCH GENAUIGKEIT. Von all den Schlägen,
die Ihnen zur Verfügung stehen, ist die Vorhand der wichtigste, weil Sie
mit ihr den Ball mit äußerster Präzision entweder hart oder weich spielen
können. Für den Anfänger ist es zudem ein Schlag, der völlig natürlich
kommt. Selbst wenn Sie noch nie in Ihrem Leben einen Schläger in der
Hand gehabt haben sollten, so können Sie mit diesem Schlag einen durchaus erfolgversprechenden Versuch unternehmen. Und doch sollten Sie die
Vorhand nicht unterschätzen; sie mag ganz einfach erscheinen,
aber es ist doch sehr wichtig, daß Sie diesen Schlag von Anfang an richtig
ausführen – er ist nämlich so eine Art Grundlage für Ihr ganzes Spiel.
Also aufgepaßt, dieser Schlag muß sitzen.

LERNZIEL: Mit der perfekten Vorhand zum Gewinnerschlag. *Schwierigkeitsgrad* •

DIE SCHLÄGERHALTUNG

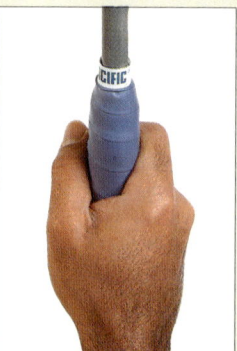

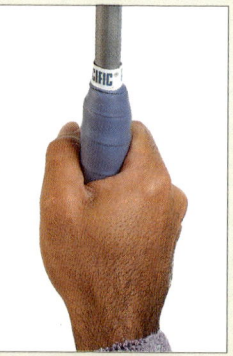

DER STANDARDGRIFF
Legen Sie Ihren Daumen und
Ihren Zeigefinger so um den
oberen Teil des Griffes, daß sie
ein **V** bilden. Sie selbst blicken
dabei auf die schmale Schläger-
seite. Mit den anderen Fingern
umfassen Sie den Griff fest,
aber ohne zu verkrampfen.

DER „JAHANGIR"-GRIFF
Greifen Sie den Schläger etwas
weiter oben, und drehen Sie
ihn so, daß die obere, innen-
liegende Seite sich ein wenig
nach rechts dreht. Diese
Schlägerhaltung ermöglicht
Ihnen jetzt den sog. „Slice".

DER FALSCHE GRIFF
Das Foto zeigt, daß der Schläger zu weit nach innen gedreht
worden ist. Das hat zur Folge,
daß der Schlägerkopf angewin-
kelt ist und Sie den Ball
zwangsläufig zu hoch oder zu
tief schlagen.

DIE VORHAND

*Der Schlüssel zum guten Squashspiel ist die Vorbereitung.
Achten Sie also darauf, daß Sie Ihren Schläger fest umfassen
und daß Sie rechtzeitig in die richtige Position gelangen.*

DER FESTE STAND

Sobald Sie Ihren Schlag ausgeführt haben, bereiten Sie sich auf den nächsten vor. Der Ballwechsel ist so gut wie verloren, wenn einer der Spieler eine ungünstige Position innehat und sich nicht mehr rechtzeitig auf den nächsten Schlag einstellen kann. Versuchen Sie also gleich nach Ihrem Schlag schnell zum T zurückzukommen und dort einen festen Stand einzunehmen. Denken Sie immer daran, daß Sie vom T aus ohne Schwierigkeiten jeden beliebigen Punkt des Courts erreichen können. Obwohl es Ihnen vielleicht am Anfang nicht ganz leichtfällt, diesen Rat zu befolgen – später, nach einiger Übung, wird dieses Verhalten fast zu einem Reflex werden.

DIE FÜSSE

Lagern Sie Ihr Gewicht auf den Vorderfüßen. So können Sie schnell zum T zurücklaufen und sich dort auf den nächsten Schlag vorbereiten. Erwischt Sie Ihr Gegner einmal „plattfüßig", haben Sie den Ballwechsel schon so gut wie verloren.

DER SCHLÄGER •
Behalten Sie die Kontrolle über Ihren Schläger, und zwar von der Ausholbewegung bis zum Ende des Durchschwingens.

• **DIE KNIE**
Ihre Knie sollten stets ein wenig gebeugt sein. Hierdurch können Sie sich schneller im Court bewegen und mehr Druck in Ihre Schläge bringen.

ÜBUNGEN

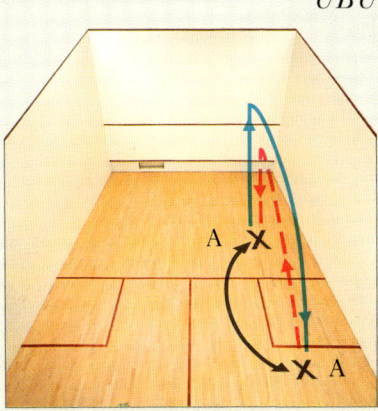

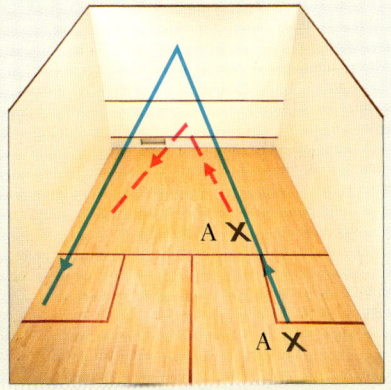

VORHAND-DRIVES

Üben Sie Vorhand-Drives entlang der rechten Wand. Beginnen Sie vorne im Court. Spielen Sie den Ball hoch zurück (blau), laufen Sie zurück, und spielen Sie den Ball flach gegen die Stirnwand (rot). Wiederholen Sie diese Übung mehrfach.

TEMPO UND GENAUIGKEIT

Diagonalschläge üben Sie am besten, wenn Sie den von der Wand oder vom Boden abspringenden Ball in Kniehöhe treffen und ihn hoch über die Stirnwand diagonal in die hintere Courthälfte spielen. Achten Sie unbedingt auf das Durchschwingen.

1 ENTWICKELN SIE IHRE VORHAND

*Indem Sie Kraft und Genauigkeit in Ihre Vorhand legen, schaffen Sie sich
ein Fundament, auf das Sie Ihr ganzes Spiel aufbauen können.*

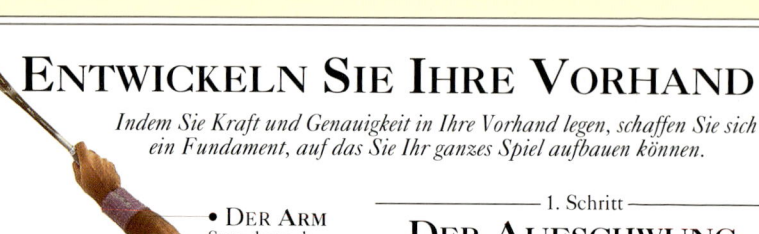

• DER ARM
Stets daran denken: „Schläger zurück, Arm hoch". Beides muß in einer einzigen, flüssigen Bewegung ausgeführt werden, um die ideale Körperhaltung zu erlangen.

1. Schritt

DER AUFSCHWUNG

Für einen guten Aufschwung sollten Sie sich rechtzeitig vorbereiten, damit Sie den Schlag nicht übereilt ausführen müssen. Beugen Sie dafür Ihren Ellenbogen leicht, und führen Sie ihn samt Schläger über Ihre Schulter. Ihr freier Arm zeigt dabei ausgestreckt in Richtung Ball. Achten Sie unbedingt darauf, daß Ihr Schläger auch hochgehalten bleibt. Sie haben die richtige Schlaghaltung, wenn die Fingerspitzen der freien Hand und der Ellenbogen der Schlaghand sozusagen eine gerade Linie bilden. Das Gewicht lastet beim Aufschwung hauptsächlich auf dem hinteren Fuß, und die Knie sollten stets leicht gebeugt sein.

• DER BLICK
Der Blick ist auf den Ball gerichtet, um das Timing des Schlages zu gewährleisten. Konzentrieren Sie sich darauf, den Ball mit der Mitte der Schlägerfläche zu treffen.

• DIE KNIE
Beugen Sie Ihre Knie. Sie sind jetzt wie eine gespannte Feder, bereit zum Sprung.

• DIE FÜSSE
Verlagern Sie Ihr Gewicht auf den rechten Fuß. Den linken benutzen Sie, um die Balance zu bewahren.

2. Schritt

DER SCHLAG

Führen Sie den Schläger in einer flüssigen Bewegung zum Ball hin, und „drücken" Sie diesen (siehe folgende Seite). Es ist wirklich wichtig, den Moment des Schlages genau zu spüren, um ihn so exakt wie möglich auszuführen. Um die Kontrolle über den Schlag zu behalten, versuchen Sie, sich auf das Drücken des Balles zu konzentrieren. Verlagern Sie Ihr Gewicht im Augenblick der Ballberührung auf den Vorderfuß.

• DAS BEIN
Benutzen Sie Ihr linkes Bein als eine Art Anker, um fest stehen zu können, wenn Sie sich in den Schlag drehen.

• DER SCHLÄGER
Schwingen Sie den Schläger gleichmäßig und druckvoll durch.

3. Schritt

DER AUSSCHWUNG

Glauben Sie nie, der Schlag wäre schon beendet, nur weil Sie den Ball getroffen haben – der Ausschwung ist für den Schlag von äußerster Wichtigkeit. Drücken Sie den Ball; stellen Sie sich vor, daß er beim Schlag an Ihrem Schläger festgeklebt ist und daß Sie ihn nur wieder losbekommen, wenn Sie ihn etwa 30 cm nach vorne drücken. Schwingen Sie dann Ihren Schläger nach hinten durch, und schon wird der Ball in die gewünschte Richtung fliegen. Wenn Sie den Schlag und den Ausschwung richtig hinbekommen, wird der Ball genau dort landen, wo Sie ihn haben wollen. Beim Ausschwung sollte der Schlägerkopf etwa die Stelle erreichen, an der der Schlag auch begonnen hat. Es muß ausgesehen haben, als ob Sie mit dem Schläger in der Luft einen Kreis gezeichnet hätten.

• DER ARM
Beugen Sie Ihren Schlagarm, so daß der Schläger flüssig einen vollen Bogen beschreiben kann.

• DIE KNIE
Die Knie sollten gebeugt sein; so bewahren Sie Ihr Gleichgewicht während des ganzen Schlages hindurch.

DIE STELLUNG
Seien Sie bereit, sich nach dem Schlag sofort zum T zu begeben. Denken Sie immer daran, es ist nicht der perfekte einzelne Schlag, der den besten Spieler auszeichnet, sondern viele gute nacheinander.

ÜBUNGEN

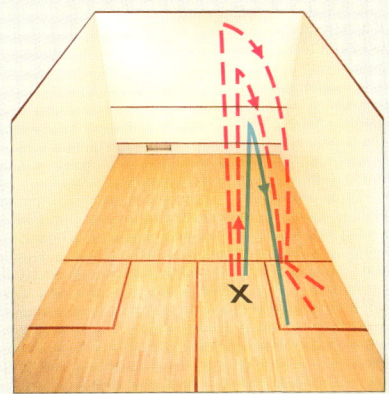

PARALLEL ZUR WAND
Spielen Sie den Ball hart und flach (blau) bzw. hoch und weich (rot) gegen die Stirnwand. Der Ball sollte in etwa dort aufkommen, von wo Sie ihn geschlagen haben, d. h. zunächst im Aufschlagviereck, und später, nach einiger Übung, in einem kleineren Bereich.

CROSS-COURT (diagonal)
Lassen Sie den Ball von der Wand oder vom Boden abspringen, oder spielen Sie ihn gegen die Stirnwand. Dann schlagen Sie ihn cross-court. Ein kontrollierter, weich gespielter Ball wird hoch von der Stirnwand (blau) an dieselbe Stelle fliegen wie ein flach und hart geschlagener Drive (rot).

PERFEKTIONIEREN SIE IHRE VORHAND

Üben Sie mit einem Partner, um Geschwindigkeit, Gleichgewicht und die notwendige Technik für alle möglichen Vorhandschläge weiter zu entwickeln.

───────── 1. Schritt ─────────

SEIEN SIE VORBEREITET

Üben Sie alleine, dann haben Sie alles im Griff, sollten Sie aber dem Spiel noch einen weiteren wesentlichen Bestandteil hinzufügen wollen, nämlich Ihren Partner, werden Sie mit ihm um die Kontrolle kämpfen. Wenn Sie beginnen, sich den Ball gegenseitig zuzuspielen, gönnen Sie sich ausreichend Zeit, um sich auf jeden Schlag vorzubereiten. Wenn Sie Ihre Position verloren haben oder kämpfen müssen, um überhaupt an den Ball zu gelangen, verlieren Sie die Kontrolle und überlassen so Ihrem Partner die Initiative.

BLICK
Richten Sie Ihren Blick immer auf den Ball, ganz egal, ob Sie oder Ihr Partner am Schlag sind. Nur so können Sie nicht überrascht werden.

• SCHLÄGER
Denken Sie immer an die Wichtigkeit des Aufschwungs – führen Sie Ihren Schläger rechtzeitig zum Schlag hoch hinter Ihren Kopf.

• SCHLÄGER UND BALL
Der Augenblick des Kontakts zwischen Schläger und Ball ist der wichtigste während des ganzen Ballwechsels.

───────── 2. Schritt ─────────

DER SCHLAG

Ob Sie mit einem Partner üben oder ein Match bestreiten, konzentrieren Sie sich völlig auf die Kraft, mit der Sie den Ball treffen, und auf die Richtung, in die Sie ihn spielen wollen. Es reicht einfach nicht, denn Ball so hart wie möglich zu schlagen. Sie müssen jederzeit in der Lage sein, den Ball auch mit Gefühl und Präzision zu spielen. Denken Sie an das Drücken des Balles (S. 27), wenn Sie ihn treffen – das läßt Sie Ihren Schlägerkopf mit dem größtmöglichen Effekt nutzen.

POSITION
Wenn Ihr Partner am Schlag ist, beobachten Sie den Ball, und seien Sie bereit, sich sofort zu bewegen, sobald dieser seinen Schläger verläßt.

3. Schritt

DER AUSSCHWUNG

Wenn Sie mit Ihrem Schläger nur einfach auf den Ball einschlagen, wird dieser langsam und unkontrolliert irgendwo hinfliegen. Um das zu vermeiden, müssen Sie den Schlägerkopf in einer flüssigen Bewegung an die Stelle bringen, an der Sie den Schlag begonnen haben. Sie werden sehen, der Ball fliegt dann genau dorthin, wohin Sie ihn haben wollen. Behalten Sie immer ein festes Handgelenk, um so Ihren Schläger zu kontrollieren. Ihre Beine sollten weit auseinander stehen, um so einen möglichst niedrigen Schwerpunkt zu bekommen. Weitere Stabilität erhalten Sie, wenn Sie Ihren freien Arm waagerecht ausstrecken. Stoßen Sie sich mit dem Vorderfuß ab, um schnell wieder zum T zu gelangen.

DER SCHLAG ENDET „OBEN"
Ganz gleich, wie tief Sie einen Schlag ansetzen, der Schläger muß nach Schlagende oberhalb Ihres Kopfes sein. Vernachlässigen Sie nie den Ausschwung, denn er trägt wesentlich dazu bei, daß Ihre Schläge akkurat sind.

• POSITION
Sobald Sie Ihren Schlag ausgeführt haben, kehren Sie sofort zum T zurück – bereit für den nächsten Schlag.

• SCHLÄGER
Ein hoher Ausschwung mag Ihnen anfangs übertrieben vorkommen, aber Sie werden sich schnell an ihn gewöhnen – und er macht Sie letztendlich zum Gewinner.

ÜBUNGEN

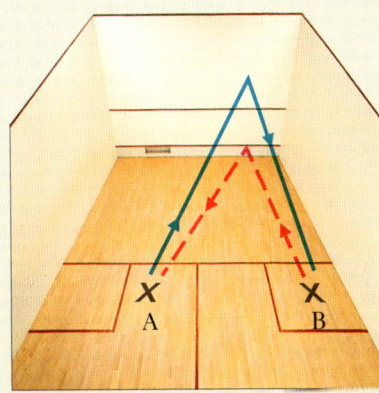

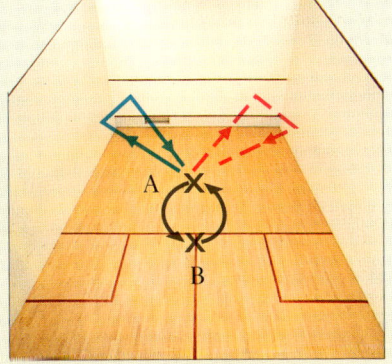

DEN BALL LANG SCHLAGEN
Zusammen mit einem Partner schlagen Sie den Ball unterschiedlich hoch gegen die Stirnwand. Variieren Sie das Tempo, um so eine gleichbleibende Schlagrichtung und -länge zu erreichen. Spieler A muß dabei mit dem Rücken zur linken Wand stehen, um eine Vorhand (blau) diagonal zu Spieler B zu schlagen.

ÜBEN IN DER ECKE
Wieder eine Partnerübung. Spieler A spielt den Ball über die linke Ecke (blau) und läuft schnell zum T zurück, während Spieler B den zurückprallenden Ball über die rechte Ecke (rot) spielt und sich seinerseits zum T begibt.

KAPITEL

2 RÜCKHAND-GRUNDSCHLAG

Definition: *Sie sorgt für Tempo, aber auch für ein variables Spiel.*

ANDERS ALS DIE VORHAND IST DIE RÜCKHAND kein Schlag, der natürlich kommt – man muß sie lernen. Aber sie ist genau wie die Vorhand ein äußerst wichtiger Schlag, also nehmen Sie sie am besten so früh wie möglich in Ihr Repertoire auf. Da es nicht immer machbar ist, zum Schlagen rechtzeitig in die Vorhandstellung zu kommen, ist es wichtig, daß Sie auf beiden Seiten des Courts gleichermaßen gut spielen können. Gelingt Ihnen dieses, werden Sie auch alle Winkel gut nutzen können. Aus diesem Grund müssen Sie an Ihrer Rückhand arbeiten, bis Sie sie genauso sicher spielen können wie die Vorhand. Dann werden Sie eine Vielzahl von Schlägen von allen denkbaren Positionen aus zur Verfügung haben und somit vor keine unlösbaren Probleme mehr gestellt werden können.

LERNZIEL: Alles Wissenswerte über die Rückhand erfahren. *Schwierigkeitsgrad* ••

DIE GRIFFHALTUNG

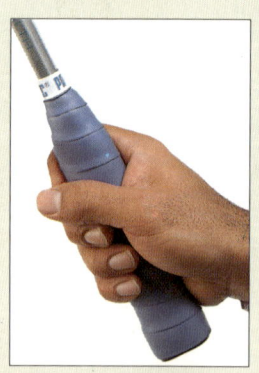

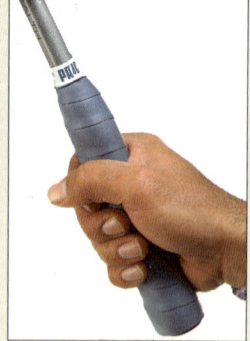

STANDARDGRIFF
Umfassen Sie den Schläger ziemlich weit unten am Griff. So können Sie beim Schlagen unbehindert durchschwingen und gleichzeitig mehr Druck auf Ihre Rückhand bringen.

„JAHANGIR"-GRIFF
Umfassen Sie den oberen Teil des Griffes. Zwar ist dann der Durchschwung „kürzer", aber Sie haben so eine größere Kontrolle über den Schläger, was bei einem Ballwechsel durchaus nützlich sein kann.

ÄNDERUNG DER GRIFFHALTUNG
Die meisten Spieler belassen es bei einer Griffhaltung. Falls Sie Ihre aber während eines Ballwechsels ändern wollen, halten Sie den Schläger mit der freien Hand fest, und wechseln Sie dann Ihre Griffhaltung.

DIE RÜCKHAND

Eine effektive Rückhand ist sehr wichtig,
denn jeder Ballwechsel erfordert gute Schläge **beiderseits des Körpers.**

ÜBUNGEN

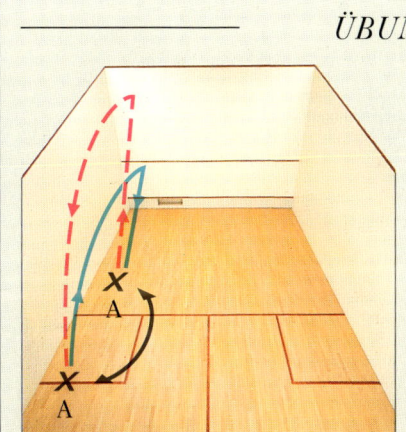

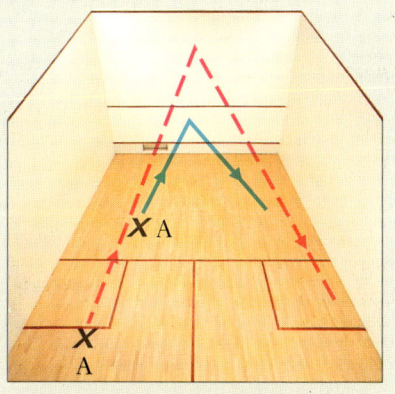

RÜCKHAND-DRIVES
Spielen Sie den Ball flach und hart vom hinteren Teil des Courts, so daß er im vorderen Teil aufprallt (rot). Laufen Sie nach vorne, und spielen Sie einen weichen, hohen Ball in die hintere Hälfte (blau). Halten Sie so den Ball, eng an der Wand schlagend, im Spiel.

ZEIT UND AUSDAUER
Lassen Sie den Ball aufspringen, und spielen Sie ihn cross-court. Schlagen Sie hart und flach (blau), um Genauigkeit und Kontrolle zu üben. Ein kontrollierter Auf- und Ausschwung wird für einen ausreichenden Druck sorgen.

ES GEHT LOS!

Während eines Ballwechsels werden Sie gelegentlich unsicher sein, ob Sie den nächsten Schlag mit der Vor- oder mit der Rückhand ausführen sollen. Deshalb ist es sinnvoll, sich so hinzustellen, daß beide Schläge möglich sind. Stehen Sie fest auf beiden Beinen, wobei Sie Ihr Gewicht gleichmäßig verteilen. Halten Sie den Schläger mit festem Griff vor den Körper. Konzentrieren Sie sich auf den Ball, und seien Sie bereit, schnell nach links oder rechts zu laufen. Beobachten Sie die Flugbahn des Balles, bewegen Sie sich auf diese zu und schlagen Sie. Ganz wichtig: Stellen Sie sich für den nächsten Schlag gleich wieder richtig hin.

KONZENTRATION
Wenn Sie sich bei der Rückhand anfangs ein wenig unwohl fühlen, konzentrieren Sie sich darauf, den Ball mit der Mitte der Schlägerfläche zu treffen. Dieses wird Ihnen auch helfen, Ihr Timing zu verbessern.

SCHLÄGER •
Halten Sie den Schläger in einem Winkel von 45 Grad vor Ihrem Körper, auf keinen Fall dichter, denn sonst wird Ihre Bewegung eingeschränkt. Halten Sie ihn auch nicht zu tief, weil sonst der Aufschwung schwieriger werden würde.

KNIE •
Halten Sie Ihre Knie gebeugt, um so schnell in die nächste Position zu gelangen.

ENTWICKELN SIE IHRE RÜCKHAND

*Druck und Genauigkeit mit der Rückhand bedeuten
erfolgreichere Ballwechsel mit mehr Angriffsschlägen.*

--- 1. Schritt ---

DER AUFSCHWUNG

Wie bei der Vorhand, so ist auch bei der
Rückhand der Aufschwung mitentschei-
dend. Bei der Vorbereitung auf den
Schlag spielt Ihre Schulter eine wichtige
Rolle. Drehen Sie sich vom Ball weg, wobei der Ellenbogen Ihres Schlagarms nach
unten zeigt. Gleichzeitig müssen Sie den
Schläger fast senkrecht halten. Um den
Ball zu sehen, müssen Sie jetzt also nach
hinten über Ihre Schulter blicken. Der
freie Arm sollte vom Körper weggestreckt
werden, damit Sie ungehindert durchschwingen und gleichzeitig die Balance
halten können. Sie bekommen zusätzlichen Schwung für Ihren Schlag, wenn Sie
Ihr Gewicht vom hinteren auf den vorderen Fuß verlagern.

SCHULTERN
Lassen Sie Ihre Schul-
tern den Schlag aus-
führen. Je mehr Sie den
Körper verdrehen, desto
mehr Druck liegt in
Ihrem Schlag.

KNIE
Beugen Sie Ihre Knie,
um die Gewichtsverla-
gerung von einem zum
anderen Fuß auszuglei-
chen. Halten Sie Ihre
Füße ziemlich eng zu-
sammen, da Sie sonst
Ihr Gleichgewicht ver-
lieren würden.

KOPF •
Halten Sie Ihren Kopf gesenkt.
Ist er angehoben, werden Sie
den Ball unweigerlich zu hoch
schlagen. Schauen Sie dabei auf
den Ball und nicht auf das Ziel.

SCHLÄGER •
Versuchen Sie, den
Ball vor Ihrem
Körper zu treffen,
etwa auf Höhe des
rechten Fußes.

• FÜSSE
Ihre Füße sollten etwa
schulterbreit auseinander-
stehen, damit Ihr Körper
sich gut drehen kann.

--- 2. Schritt ---

DER SCHLAG

Viele Anfänger machen den Fehler, auf
den Ball geradezu einzuprügeln, um ja
kräftiger schlagen zu können. Von Kraft
soll hier noch nicht die Rede sein, denn
zunächst ist es viel wichtiger, den Ball
sauber zu treffen. Die Ballberührung
sollte etwa 30 cm vor Ihrem rechten
Bein stattfinden, und zwar in 30 cm
Höhe. Drücken Sie den Ball, während
Sie schlagen (siehe S. 27); so werden Sie die Kontrolle über den
Schläger behalten und den Ball in
die gewünschte Richtung spielen.
Wenn sich Ihr Schlag ruckartig anfühlt,
dann sollten Sie sich beim nächsten
Schlag etwas mehr Zeit nehmen.

3. Schritt

DER AUSSCHWUNG

Bei der Rückhand ist die Schlägerhaltung äußerst wichtig, denn wenn Sie wild auf den Ball einschlagen, besteht die Gefahr, daß Sie Ihren Partner beim Ausschwung treffen könnten. Um die Kontrolle über den Schlag zu behalten, drücken Sie den Ball mindestens 30 cm lang, um ihm so die Richtung zu geben und um Ihren Ausschwung gut zu Ende zu bringen. Wenn Sie Ihren Arm locker lassen und nicht verkrampfen, werden Sie merken, daß Ihr Schläger zum Schluß nach oben Richtung Decke zeigt und nicht gefährlich tief in den Court hineinragt. Blicken Sie den Ball an, und halten Sie Ihren Kopf ruhig. Wenn der Schlag ausgeführt ist, kehren Sie zum T zurück und erwarten dort den nächsten Ball.

KONTROLLE

Konzentrieren Sie sich auf einen sauberen, flüssigen Ausschwung. Er wird Ihnen helfen, den Schlag zu kontrollieren, so daß der Ball auch dort landet, wo Sie ihn haben möchten. Sie stehen dann auch aufrechter und können so schneller das T wieder besetzen.

• SCHLÄGER
Nach Beendigung des Schlages sollten Sie den Schläger fast senkrecht halten. Bringen Sie ihn schnell wieder vor Ihren Körper.

ARM •
Beugen Sie Ihren Arm ein wenig im Ellenbogen. Wenn er nämlich gestreckt ist, könnten Sie keinen flüssigen Ausschwung ausführen.

BEINE •
Ihre Beine sollten Ihnen als „Stabilisatoren" dienen, bis Sie den Schlag beendet haben. Das gesamte Gewicht ruht dabei auf dem Vorderfuß. Und so können Sie auch sofort zum nächsten Schlag starten.

ÜBUNGEN

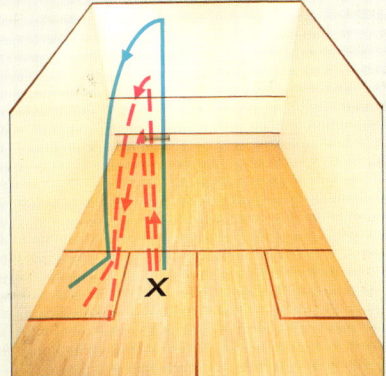

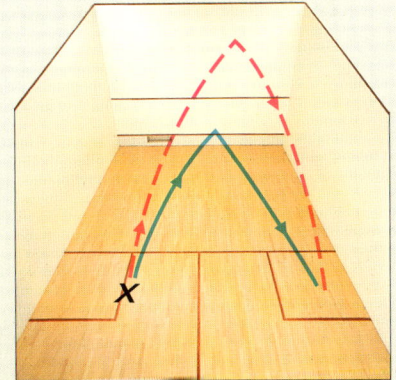

EIN GERADER SCHLAG

Schlagen Sie den Ball unterschiedlich hoch gegen die Stirnwand. Versuchen Sie dabei, eine gleichmäßige Länge zu bekommen, indem Sie den Ball auf die Querlinie spielen. Üben Sie besonders die hohen Schläge (blau), da sie mehr Kontrolle verlangen.

CROSS-COURT

Lassen Sie den Ball aufprallen, oder spielen Sie einen Drive, um dann hohe (rot) oder tiefe (blau) Rückhandschläge cross-court zu schlagen. Wenn Sie den Ball hart genug treffen und ihn knapp oberhalb des Tins spielen, sollte er weit nach hinten in den Court fliegen.

PERFEKTIONIEREN SIE IHRE RÜCKHAND

Üben Sie mit einem Partner, um Geschwindigkeit, Gleichgewichtsgefühl und Techniken für alle Arten von Rückhandschlägen zu entwickeln.

SCHLÄGER •
Ihr Schläger muß bis zum
Ballkontakt einen weiten
Weg zurücklegen,
also führen Sie
den Schwung
rechtzeitig
aus.

---

1. Schritt

VORBEREITUNG

Die Rückhand ist kein so natürlicher Schlag wie die Vorhand, und deshalb ist es auch sehr wichtig, daß Sie sich für ihre Vorbereitung viel Zeit nehmen.

Drehen Sie die Schulter Ihrer Schlaghand zur Stirnwand, beugen Sie Ihren Arm im Ellenbogen, und halten Sie den Schläger ganz hoch. Aus dieser Stellung heraus werden Sie den größten Druck machen können. Überlegen Sie, wo Sie stehen müssen, damit Ihnen ein vollständiger Durchschwung gelingt und Sie den Ball auch sauber treffen.

STELLUNG
Verdrehen Sie Ihren Körper so
stark es eben geht; dann sind Sie
in der Lage, den Schläger mit
hoher Geschwindigkeit zu schwingen und Druck mit Ihrem Schlag
zu erzeugen.

---

2. Schritt

DER SCHLAG

Es ist wichtiger, Ihren Schläger zu kontrollieren als Druck zu erzeugen. Halten Sie den Schläger fest vor Ihrem Körper, wenn Sie den Ball treffen. Ihr Arm sollte jetzt leicht gebeugt und Ihr Handgelenk geschmeidig sein, um den Schläger nach dem Schlag nach oben ausschwingen zu lassen. Wenn Sie das Gefühl haben, daß Ihr Timing gut ist, beginnen Sie, die Geschwindigkeit des Schlages zu erhöhen, bis Sie den Ball mit dem größtmöglichen Druck treffen.

KONTROLLE
Führen Sie den Schwung so
flüssig und kontrolliert wie
möglich aus. Ungleichmäßige
Bewegungen werden einen
nachteiligen Einfluß auf Geschwindigkeit und Richtung
des Balles haben.

• **BLICK**
Sie werden den Ball nur
dann sauber spielen
können, wenn Ihre Augen
seine Flugbahn genau
verfolgen.

3. Schritt

AUSSCHWUNG

Wenn Sie Ihre Rückhand vervollkomm-
nen wollen, ist es entscheidend, den Ausschwung vollständig zu Ende zu führen.
Sollten Sie ihn zu früh abbrechen, werden
Sie an Druck und Genauigkeit einbüßen –
probieren Sie es einfach einmal. Um die
Rückhand ganz sauber auszuführen, wenden Sie Ihre Schulter, so daß Ihr Körper
sich zur Stirnwand dreht. Schwingen Sie
Ihren Schlagarm so weit wie möglich nach
hinten; so wird der Schläger nach Schlagende ebenfalls hochgeführt. Halten Sie
Ihr Handgelenk stabil, so daß Sie in völli-
ger Kontrolle über den Schlägerkopf bleiben, der dann oberhalb Ihrer Schulter ist.
Kontrollieren Sie den Aus-
schwung, so daß Ihr Schläger
nicht Ihren Partner trifft.

• SCHLÄGER
Der Schlägerkopf sollte nach
oben ausschwingen. Wenn der
Schlag ausgeführt ist, bereiten
sie sich gleich auf den nächsten
vor.

BEWEGLICHKEIT
Es ist wichtig, eine gewisse Spannung in den Knien beizubehalten,
denn nur so sind Sie jederzeit in
der Lage, schnell zum T zu gelangen, um sich auf den nächsten
Schlag einzustellen.

ÜBUNGEN

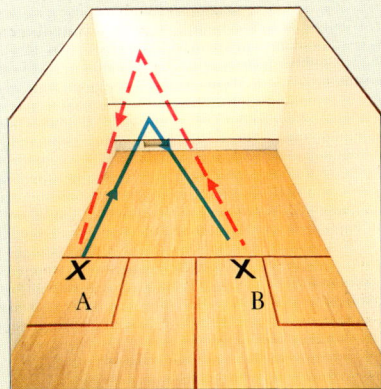

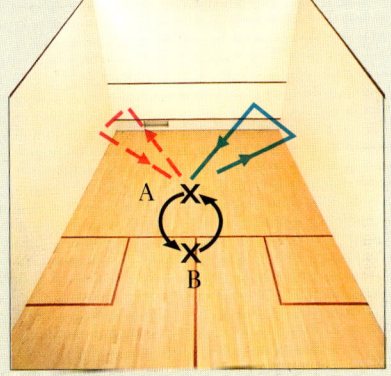

LANG SPIELEN
Üben Sie mit dem Partner cross-court.
Spieler A sollte tief und hart schlagen
(blau), während Spieler B den Ball hoch
und weich spielt (rot). Spieler B steht dabei mit dem Rücken zur rechten Wand.

ARBEITEN MIT DEN ECKEN
Benutzen Sie die vorderen Ecken, um den
Ball wieder zur Mitte zu bringen. Spieler A
sollte dabei über die rechte Ecke spielen
(blau) und dann zum T laufen, während
Spieler B nach vorne kommt und über die
linke Ecke schlägt (rot).

KAPITEL

3

DER VOLLEY

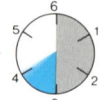

Definition: *Schlagen des Balles, bevor er auf den Boden prallt.*

BEIM SQUASH IST DIE FÄHIGKEIT, den Ball zu spielen, bevor er auf den Boden prallt, von elementarer Bedeutung. Der Volley, also das Spielen des Balles im Flug, ist zum Beispiel notwendig, wenn Sie auf dem T stehen und einen Drive Ihres Gegners in die Tiefe des Courts unterbinden möchten. Der Volley ermöglicht Ihnen, den Ball früh zu spielen und so die Initiative zu ergreifen. Sie können diesen Schlag aber auch zum Angriff nutzen oder um für Ihre Verteidigung Zeit zu gewinnen. Je früher Sie den Ball spielen, desto gefährlicher wird der Schlag für Ihren Gegner, also – rechtzeitig in Position laufen. Wenn Sie anfangen, den Volley zu üben, werden Sie wohl zuerst so manches Luftloch schlagen, aber nicht aufgeben: Mit einem wirkungsvollen Volley werden Sie es zu einem hervorragenden Spieler bringen.

LERNZIEL: Den Ball so früh wie möglich spielen. *Schwierigkeitsgrad* ●●●●

VORHAND-VOLLEY

Dieser Schlag kann druckvoll oder sacht ausgeführt werden.
Wie Sie ihn auch spielen,
achten Sie auf eine flüssige Schlagausführung.

—————— 1. Schritt ——————

DER AUFSCHWUNG

Die Vorbereitung für den Volleyaufschwung ist vergleichbar mit der beim Vorhand-Drive. Weil der Volley jedoch gespielt wird, bevor der Ball aufprallt, haben Sie nicht so viel Zeit, den Schläger sehr weit zurückzuführen. Deshalb benötigen Sie zusätzlichen Druck, den Sie erhalten, indem Sie Ihren Schlagarm vollkommen strecken und den Ball mit einer kurzen Bewegung des Handgelenks, dem sog. Flick, in die gewünschte Richtung spielen. Da der Ball beim Volley zumeist höher getroffen wird, müssen Sie Ihren Durchschwung darauf einstellen, aber ohne den richtigen Ausschwung dabei zu vernachlässigen.

• **SCHLÄGER**
Halten Sie den Schlägerkopf ständig hoch, so daß selbst ein kurzes Ausholen reicht, um genug Druck für den Volley zu erzeugen.

• **BEINE**
Um einen niedrigen Schwerpunkt zu erhalten, stehen die Beine nebeneinander. Halten Sie Ihre Knie leicht gebeugt, um jederzeit schnell loslaufen zu können.

• **FÜSSE**
Verlagern Sie vor dem Schlag Ihr Gewicht vom hinteren auf den vorderen Fuß. Stellen Sie sich dabei auf Ihre Fußballen.

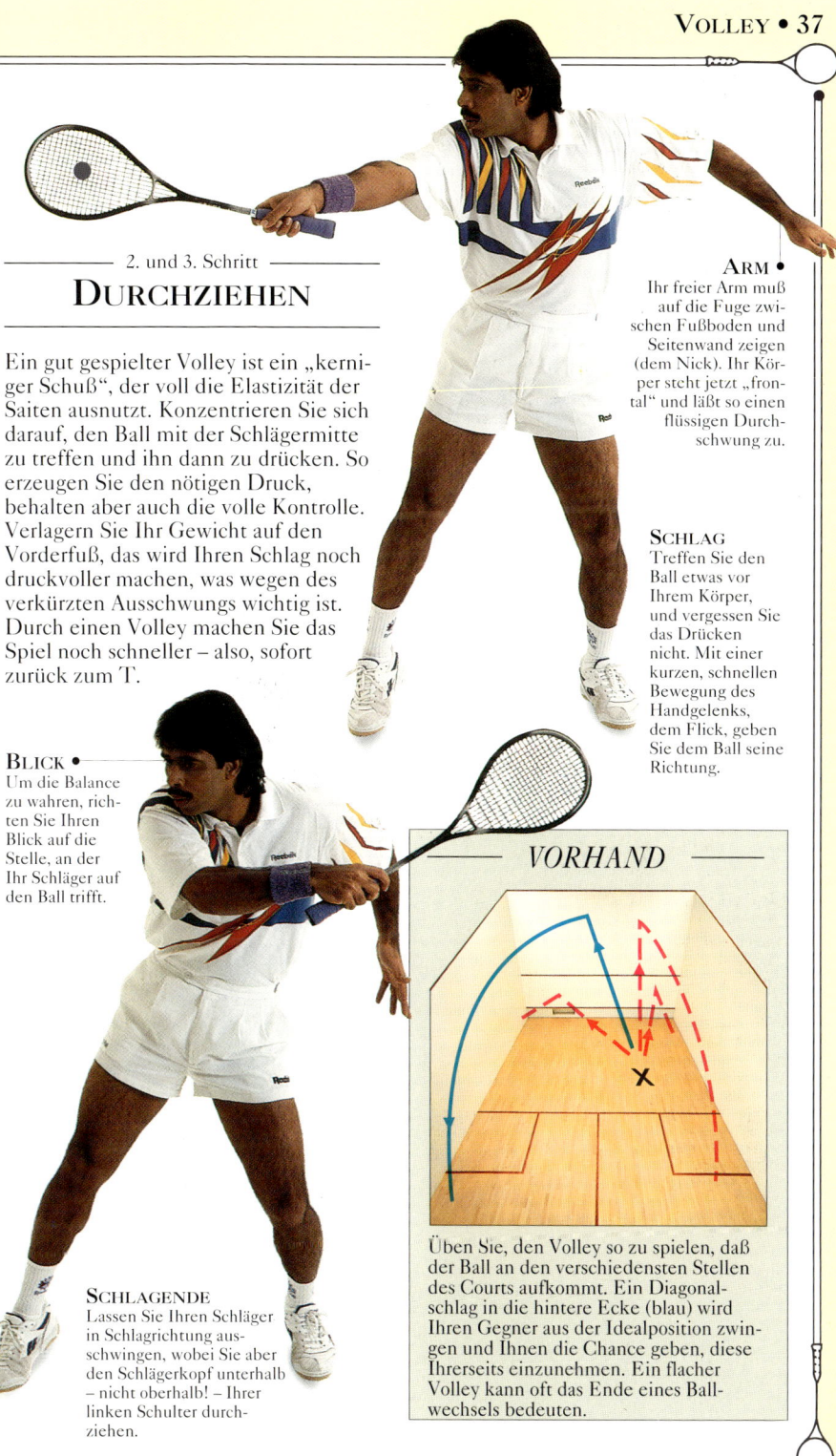

2. und 3. Schritt
DURCHZIEHEN

Ein gut gespielter Volley ist ein „kerniger Schuß", der voll die Elastizität der Saiten ausnutzt. Konzentrieren Sie sich darauf, den Ball mit der Schlägermitte zu treffen und ihn dann zu drücken. So erzeugen Sie den nötigen Druck, behalten aber auch die volle Kontrolle. Verlagern Sie Ihr Gewicht auf den Vorderfuß, das wird Ihren Schlag noch druckvoller machen, was wegen des verkürzten Ausschwungs wichtig ist. Durch einen Volley machen Sie das Spiel noch schneller – also, sofort zurück zum T.

ARM •
Ihr freier Arm muß auf die Fuge zwischen Fußboden und Seitenwand zeigen (dem Nick). Ihr Körper steht jetzt „frontal" und läßt so einen flüssigen Durchschwung zu.

SCHLAG
Treffen Sie den Ball etwas vor Ihrem Körper, und vergessen Sie das Drücken nicht. Mit einer kurzen, schnellen Bewegung des Handgelenks, dem Flick, geben Sie dem Ball seine Richtung.

BLICK •
Um die Balance zu wahren, richten Sie Ihren Blick auf die Stelle, an der Ihr Schläger auf den Ball trifft.

VORHAND

Üben Sie, den Volley so zu spielen, daß der Ball an den verschiedensten Stellen des Courts aufkommt. Ein Diagonalschlag in die hintere Ecke (blau) wird Ihren Gegner aus der Idealposition zwingen und Ihnen die Chance geben, diese Ihrerseits einzunehmen. Ein flacher Volley kann oft das Ende eines Ballwechsels bedeuten.

SCHLAGENDE
Lassen Sie Ihren Schläger in Schlagrichtung ausschwingen, wobei Sie aber den Schlägerkopf unterhalb – nicht oberhalb! – Ihrer linken Schulter durchziehen.

KAPITEL

3

RÜCKHAND-VOLLEY

*Um auf beiden Seiten des Courts gleich gut spielen zu können, müssen
Sie den Rückhand-Volley auch gleich sicher beherrschen.*

AUSSCHWUNG
Halten Sie Schläger
und Ellenbogen
hoch und vom Kör-
per weg, so daß
die Schulter fast
Ihr Kinn
berührt.

—————— 1. und 2. Schritt ——————

VORBEREITUNG UND SCHLAG

Der Rückhand-Volley erfordert eine große
Flexibilität des Oberkörpers. Drehen Sie
sich in der Hüfte, so daß Ihre rechte
Schulter auf die Stirnwand weist. Ihr
Schläger darf nicht nach unten auf den Boden zeigen, sondern soll hoch hinter den
Kopf geführt werden, wobei der rechte Ellenbogen ebenfalls angehoben wird, aber
nicht zu eng am Körper. Ihr Gewicht verlagern Sie auf den linken Fuß, während
der rechte Ihnen hilft, das Gleichgewicht
zu halten. Stellen Sie sich so hin, daß Sie
Platz genug haben, den Schläger frei
durchzuschwingen. Beim Schlag muß Ihr
Gewicht dann auf bei-
den Füßen ruhen. Be-
nutzen Sie wieder
Ihren freien Arm, um
Balance zu halten.

RÜCKHAND

X

Während eines Ballwechsels ist der Volley
parallel zur Wand ein nützlicher Schlag. Er ist
besonders effektiv, wenn der Ball auf seinem
Weg in die hintere Ecke förmlich an der
Wand „klebt" (blau). Ihrem Gegner wird es
schwerfallen, an den Ball zu gelangen oder
gar einen Angriffsschlag aus dem hinteren
Feld zu spielen.

● **ARM**
Halten Sie beim
Spielen des Bal-
les Ihren Arm
gerade. Ihr
Handgelenk
muß steif sein,
um die Kontrol-
le über den
Schlag zu behal-
ten.

● **FÜSSE**
Zunächst soll
Ihr Gewicht
auf dem lin-
ken Fuß ru-
hen.

DER SCHLAG
Schauen Sie den Ball ge-
nau an, wenn er auf Ihren
Schläger trifft, und drücken Sie ihn beim
Return. Strecken Sie Handgelenk und Ellen-
bogen parallel zum Boden.

3. Schritt

DAS AUSSCHWINGEN

Führen Sie einen vollen Ausschwung durch, und verlagern Sie dabei Ihr Gewicht gleichmäßig auf beide Füße. Diese flüssige Bewegung läßt Sie Richtung Stirnwand schauen, so daß Sie sofort den Ballwechsel fortsetzen können. Brechen Sie den Ausschwung, in der Hoffnung, somit mehr Vorbereitungszeit für den nächsten Schlag zu gewinnen, auf keinen Fall ab – das würde Sie nur die Kontrolle über den Volley verlieren lassen. Obwohl es natürlich wichtig ist, den nächsten Ballwechsel vorauszuahnen, muß trotzdem erst jeder Schlag ganz sauber beendet werden.

• BLICK
Beobachten Sie den Ball, wenn er auf die Wand trifft, denn so können Sie sich frühzeitig auf den Schlag des Gegners einstellen.

• ARM
Halten Sie mit dem freien Arm Ihr Gleichgewicht, während Ihr Schlagarm den Ausschwung vollendet.

• SCHLÄGER
Der Schläger wird jetzt hinter Ihnen sein. Führen Sie ihn sofort wieder schlagbereit vor Ihren Körper.

FÜSSE •
Verlagern Sie Ihr Gewicht auf die Fußballen, um schnell wieder zum T gelangen zu können.

DAS TIMING DES SCHLAGES

BEOBACHTEN DES BALLES
Das Aufspringen des Balles auf den Boden hilft Ihnen, sich zum Schlag richtig hinzustellen. Ohne diesen Aufprall ist es viel schwieriger. Beim Volley muß man deshalb die Flugbahn und die Geschwindigkeit des Balles bereits erkennen, wenn dieser von der Stirnwand abprallt, um so den genauen Zeitpunkt des Schlages zu bestimmen.

DER MOMENT DER BALLBERÜHRUNG
Treffen Sie den Ball, wenn er etwa 15 cm vor Ihrem Körper ist. Drücken Sie ihn, und versuchen Sie, sein Gewicht auf den Saiten zu spüren. Dieser flüchtige Moment ist Ihre letzte Chance, Einfluß auf Richtung und Geschwindigkeit des Balles zu nehmen. Je mehr Sie sich auf den Schlag konzentrieren, desto besser können Sie ihn kontrollieren, aber brechen Sie ihn nie ab, führen Sie die Schlagbewegung auch nach dem Ballkontakt gleichmäßig weiter.

• Druck und Kontrolle erreichen Sie durch das Spielen mit der Schlägerkopfmitte.

• Schauen Sie den Ball an, wenn Sie ihn spielen.

• Beim Strecken hilft Ihnen Ihr freier Arm, das Gleichgewicht zu halten.

• Behalten Sie Spannung in den Beinen, damit Sie schnell reagieren können.

KAPITEL
3 DER TIEFE VOLLEY

Hart und tief geschlagene Volleys sind druckvolle und erfolgreiche Angriffsschläge.

SCHLÄGER •
Der kurze Aufschwung erfordert ein Drücken und Anblicken des Balles.

———— 1. und 2. Schritt ————

VORHAND-ANGRIFF

Jeder Squashspieler liebt es, den Ball flach gegen die Stirnwand zu hämmern, so daß er in die Fuge zwischen Seitenwand und Fußboden (Nick) fliegt. Wenn Sie diesen Schlag richtig ausführen, wird es für Ihren Gegner fast unmöglich sein, ihn zu retournieren. Sollte er es doch schaffen, dann wird seine Position viel zu schlecht sein, um den nächsten Ball noch erlaufen zu können. Um die Initiative zu ergreifen, spielen Sie diesen Schlag in Hüfthöhe aus der vorderen Platzhälfte. Wenn der Ball tiefer als Ihre Hüfte fliegt, spielen Sie den frühen Volley, um Ihrem Gegner keine Reaktionszeit zu geben.

— *TIEFE VORHAND* —

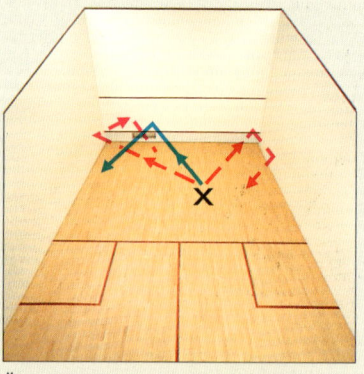

Üben Sie tiefe Vorhand-Volleys über beide vorderen Ecken. Versuchen Sie sie so zu spielen, daß der Ball von der Stirnwand „tot" ins Nick prallt (blau). Auch wenn der Ball das Nick verfehlt, wird er wahrscheinlich so unangenehm abspringen, daß Ihr Gegner fast chancenlos bleibt.

AUFSCHWUNG
Treffen Sie den Ball mittels einer kurzen Ausholbewegung knapp vor Ihrem Körper. Wenn Sie ihn zu spät treffen, mangelt es dem Schlag an Druck, und Sie könnten zudem das Gleichgewicht verlieren.

ARM •
Strecken Sie den freien Arm aus, um das Gleichgewicht zu halten. Beide Arme bilden jetzt fast eine gerade Linie.

• **BEIN**
Ihr Schwerpunkt bleibt niedrig, wenn Sie Ihr linkes Bein nach hinten wegstrecken.

TIEFER VOLLEY
Beugen Sie Ihr rechtes Knie, um tief hinunterzukommen. Da der meiste Druck aus dem Handgelenk (Flick) kommt, sollte dieses locker sein. Sie müssen den Schläger direkt unter den Ball bekommen.

1. und 2. Schritt

RÜCKHAND-ANGRIFF

Setzen Sie den Rückhand-Volley ein, um einen weichen, diagonalen Drive oder einen kurzen, parallel zur Wand gespielten Schlag zu unterbinden. Er ist nicht ganz einfach, aber da er viele Ballwechsel siegreich beenden kann, lohnt es, sich mit ihm zu beschäftigen. Spielen Sie den Ball so früh es irgend geht, um einen möglichst großen Aufschwung zu erhalten und um das Gleichgewicht zu bewahren. Setzen Sie Ihren Gegner mit einem kurzen Rückhand-Volley in die Ecke unter Druck. Ein Volley gibt Ihrem Gegner nur wenig Zeit, sich vorzubereiten.

TIEFE RÜCKHAND

Eine Möglichkeit ist der sog. reverse angle, d. h., Sie spielen den Ball diagonal zuerst gegen die Seitenwand (blau). Das ist kein einfacher Schlag, aber äußerst wirkungsvoll. Je weiter vorne im Court der Ball von der Seitenwand abprallt, desto schwerer wird es Ihrem Gegner fallen, ihn zu retournieren.

SCHLÄGER
Sie „schneiden" den Ball, d. h., der Schläger wird flach (offen) unter den Ball geführt, so daß dieser steil von der Wand nach unten abprallt.

HOHE HÜFTE
Halten Sie Ihr Handgelenk stabil, um den Ball wegzudrücken. Ihr Unterarm ist dabei parallel zur Seitenwand. Durch den Aufprall auf den Schläger wird das Tempo des Balles erhöht.

BEINE
Um Ihnen eine bessere Stabilität zu geben, stehen Ihre Beine weit auseinander. Das Gewicht verlagern Sie dabei auf den linken Fuß.

BLICK
Schauen Sie den Ball an, und spielen Sie ihn genau mit der Schlägerkopfmitte.

HANDGELENK
Ihr Handgelenk bleibt zwar stabil, aber seien Sie immer bereit, es schnell abzuwinkeln, falls es nötig sein sollte.

TIEFER VOLLEY
Behalten Sie einen niedrigen Schwerpunkt, indem Sie Ihr rechtes Bein nach vorne und Ihr linkes nach hinten stellen. Gehen Sie frühzeitig in die richtige Schlagposition, damit Sie sich auf den eigentlichen Schlag konzentrieren können.

DER HOHE VOLLEY

Der hohe Volley ist die beste Waffe gegen einen weichen Aufschlag, Lob oder hohen Drive.

─── 1. und 2. Schritt ───

VORHAND

Wie bei allen Volleys, so hilft auch hier kein Aufprallen des Balles beim Einschätzen seiner Flugbahn, deshalb ist volle Konzentration nötig. Bewegen Sie Ihren Unterarm so, als ob Sie jemanden über die Schultern werfen wollen. Denken Sie an die Schlägerkontrolle. Ihre freie Hand zeigt Richtung Ball. Da Ihr Arm nur für einen Augenblick gestreckt wird, ist richtiges Timing entscheidend. Der Schläger wird nach schräg unten geführt und schlägt den Ball, den er kurz vor dem Körper trifft, gegen die untere Stirnwandhälfte.

• ARM
Ziehen Sie mit Handgelenk, Ellenbogen und Schulter durch. Achten Sie aber auf einen genauen und kontrollierten Schlag.

DER SCHLAG
Werfen Sie sich in den Ball, damit Sie druckvoll schlagen können. Um noch mehr Druck zu erzeugen, drehen Sie sich so, daß Sie die Stirnwand anblicken. Verlagern Sie Ihr ganzes Gewicht auf den linken Fuß.

ARM •
Wenn Sie zum Ball gehen, strecken Sie Ihren freien Arm nach oben, um den Ball besser auszumachen und gleichzeitig Balance halten zu können.

VORBEREITUNG
Strecken Sie den Arm, und zeigen Sie mit der freien Hand auf den Ball. Halten Sie den Schläger senkrecht, und beugen Sie Ihren Schlagarm im Ellenbogen. Lasten Sie Ihr Gewicht auf dem rechten Fuß.

FÜSSE •
Katapultieren Sie sich in den Schlag, indem Sie sich mit den Fußballen abdrücken. Setzen Sie Ihre Füße nie ganz flach auf.

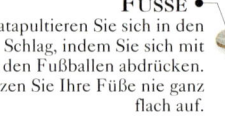

─── *HOHE VORHAND* ───

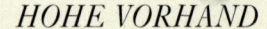
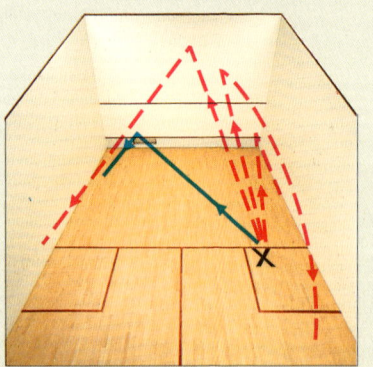

Wenn Sie in der Mitte des Courts stehen, „töten" Sie einen hohen Volley, indem Sie ihn von der Stirnwand so abprallen lassen, daß er in das Nick zwischen der linken Seitenwand und dem Boden fällt (blau). Wenn Sie im hinteren Courtteil stehen, spielen Sie den Ball parallel zur Wand oder diagonal in die entgegengesetzte hintere Ecke.

SCHLÄGER •
Halten Sie den
Schläger hinter
Ihrem Kopf parallel
zum Boden. Er darf
also nicht nach oben
zeigen.

RÜCKHAND

Der hohe Rückhand-Volley ist kein einfacher Schlag, weil man sich bei seiner Vorbereitung von der Stirnwand wegdrehen muß und dabei leicht die Orientierung für den nächsten Schlag verlieren kann. Auch verlangt die eigentliche Schlagausführung höchste Konzentration, denn die Bewegungen von Schulter, Ellenbogen und Handgelenk müssen fein aufeinander abgestimmt sein. Der hohe Volley erfordert Timing, Gleichgewicht und Genauigkeit, aber wenn man ihn einmal beherrscht, kann man ihn durchaus erfolgreich anwenden, um lange Bälle gegen die Rückwand zu unterbinden.

BEIN •
Ihr hinteres Bein hilft
Ihnen, das Gleichgewicht
zu wahren, aber auch, sich
zum Schlag abzudrücken.

AUFSCHWUNG
Halten Sie den Schlägerkopf waagerecht (geöffnet), um die Ausholbewegung zu verkürzen. Blicken Sie den Ball über Ihre rechte Schulter genau an, und verlagern Sie Ihr Gewicht auf den hinteren Fuß.

HANDGELENK •
Das Handgelenk bleibt zunächst stabil.
Erst beim eigentlichen Schlag
„schnappt" es zu. Dies gibt dem Ball
zusätzlichen Druck
und die Richtung.

— HOHE RÜCKHAND —

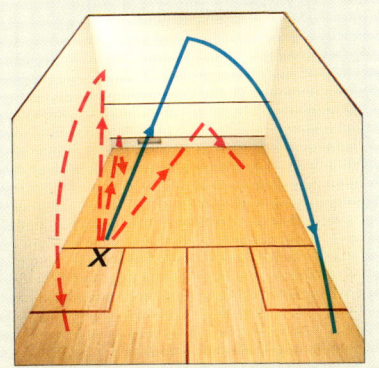

OBERKÖRPER •
Ihr Oberkörper spielt
mit! Ihr Arm kann es
nicht alleine schaffen,
Ihr Körper muß sich
gleichmäßig mitbewegen.

Der hohe Rückhand-Volley vermag einen Ballwechsel sofort zu beenden bzw. den Ball unerreichbar werden zu lassen. So ist z. B. der Diagonalschlag in die hintere Ecke (blau) sinnvoll, wenn Ihr Gegner vorne steht. Zielen Sie auf einen Punkt knapp unterhalb der Auslinie. Eine Alternative wäre ein seitenparalleler Schlag.

DER SCHLAG
Strecken Sie Ihren Unterarm, um Druck zu erzeugen. Halten Sie Ihr Handgelenk zwar stabil, aber im entscheidenden Moment muß es dem Ball die Richtung nach schräg unten geben können. Wenn Sie jetzt Ihr Gewicht auf den vorderen Fuß verlagern, ist Ihr Schlag noch druckvoller.

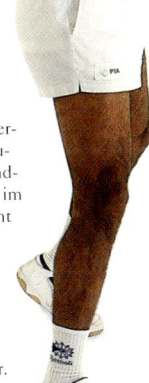
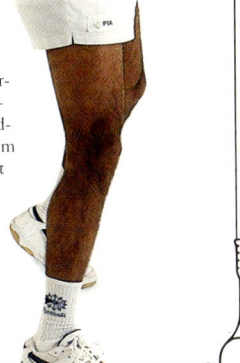

KAPITEL

4

DER DROP

Definition: *Ein Ball Richtung Tin oder entlang der Seitenwand.*

Man kann den Drop von jeder Position des Courts aus spielen, um den Gegner aus seiner guten Stellung zu locken. Schlägt man den Ball gerade, klebt er förmlich an der Seitenwand. Spielt man ihn diagonal, landet er in der Nähe des Nicks und läßt sich nur schwer retournieren. Oft ist der Drop ein Gewinnerschlag, aber selbst wenn Ihr Gegner doch noch an den Ball kommen sollte – Ihr nächster Schlag wird den Ballwechsel entscheiden. Leider kann man mit dem Drop sehr leicht Fehler machen, da man ihn ziemlich tief Richtung Tin schlagen muß. Spielen Sie deshalb den Drop zunächst höher gegen die Wand, und nähern Sie sich dem Tin erst, wenn Sie sich sicher fühlen. Benutzen Sie den Drop nicht zu oft, sonst wird Ihr Gegner sich gut auf ihn einstellen können.

LERNZIEL: Einen wirkungsvollen Drop spielen,
der Ihren Gegner in eine schlechte Schlagposition zwingt.
Schwierigkeitsgrad •••••

SCHLÄGER •
Wenn Sie den
Schläger hoch
halten, er-
wartet Ihr
Gegner
möglicher-
weise einen
harten Drive.

ARM •
Ein ausgestreckter
Arm sorgt für Gleich-
gewicht, gebeugte
Knie für einen
flüssigen Bewe-
gungsablauf.

FÜSSE •
Bei der Schlagvorbereitung
lastet Ihr Gewicht auf dem
hinteren Fuß. Gehen Sie
mit dem ganzen Körper in
den Ball.

VORHAND-DROP

*Täuschen ist wichtig. Wenn Ihr Gegner sieht, was
Sie vorhaben, verliert der Schlag an Wirkung.*

——— 1. Schritt ———

DER AUFSCHWUNG

Beginnen Sie mit einer hohen Aus-
holbewegung, als ob Sie einen
Drive spielen wollen. Ihr Gegner
kann so nicht wissen, welchen
Schlag Sie ausführen möchten,
und wird am T bleiben. „Verraten"
Sie sich zu früh, wird Ihr Gegner mit
einem kurzen Ball kontern. Balance
ist wichtig, denn Sie müssen den
Schwung so ausführen, daß Sie den
Ball nicht zu hart treffen. Setzen Sie
Ihr linkes Bein nach vorne, während
das rechte der Balance dient. Diese
Stellung muß stimmen, da der Schlag
Ihnen sonst mißlingen wird. Genauigkeit und Kontrolle ist hierbei das
oberste Gebot.

DER SCHLAG

Mit einer Drehung des Handgelenks können Sie dem Ball in letzter Sekunde eine andere Richtung geben und den Gegner ins Leere laufen lassen.

DURCHZIEHEN

Der Schlag und der Ausschwung bestimmen Richtung und Geschwindigkeit Ihrer Drops. Um den Gegner zu täuschen, sollten Sie den Ball so spät wie möglich spielen. Gehen Sie rechtzeitig unter den Ball, denn wenn Sie ihn von oben treffen, wird er mit einiger Sicherheit gegen das Tin springen. Versuchen Sie, dem Ball mit fast waagerechter (offener) Schlägerhaltung einen weichen Unterschnitt zu geben, so daß er von der Stirnwand nur noch abtropft. Mit dem Handgelenk können Sie dem Ball in letzter Sekunde noch eine andere Flugrichtung geben. Vergessen Sie das Ausschwingen nicht, denn sonst spielen Sie den Ball zu hart oder zu hoch. Nach dem Schlag könnten Sie Ihrem Gegner im Wege stehen – geben Sie ihm unbedingt eine Chance, an den Ball zu kommen.

• SCHLÄGER
Bringen Sie den Schläger schräg unter den Ball.

• ARM
Der freie Arm dient beim Ausschwung der Balance.

— VORHAND-DROP —

Üben Sie gerade Drops aus dem Vorder- und Hinterfeld. Wenn Sie einen langen Drop gespielt haben (rot), laufen Sie nach vorne und lassen einen kurzen Drop folgen (blau). Spielen Sie über die Ecke, so daß der Ball im Nick oder zumindest in seiner Nähe landet.

VOLL-ENDUNG
Schauen Sie auf den Ball, denn so bleibt Ihr Kopf angehoben. Dieser Trick hilft, Balance zu wahren und stellt zudem einen flüssigen Ausschwung sicher.

KAPITEL
4

RÜCKHAND-DROP

*Benutzen Sie Ihre Rückhand, um verdeckte Drops
entweder gerade oder diagonal zu spielen.*

1. und 2. Schritt

VORBEREITUNG UND SCHLAG

Halten Sie Ihren Schläger hoch, denn so
weiß Ihr Gegner nicht, welchen Schlag er zu
erwarten hat. Stellen Sie Ihren Fuß in Richtung des Balles, und achten Sie auf Ihr
Gleichgewicht. Ihr Schlag sollte zwar druckvoll, aber nicht zu hart sein. Der Schläger
trifft den Ball vor dem Körper, und zwar so,
daß er ihn sozusagen über das Tin lupft. Mit
einer kurzen Bewegung des Handgelenks
(Flick) bestimmen Sie Winkel und Richtung
des Balles. Sie sollten dieses aber erst so spät
wie möglich tun, damit Ihr Gegner sich nicht
frühzeitig auf den Schlag einstellen kann.
Spielen Sie den Ball zunächst relativ hoch
gegen die Wand; erst, wenn Sie den Drop
einigermaßen sicher beherrschen, können
Sie ihn flacher spielen. Wenden Sie ihn aber
nicht zu häufig an, das Überraschungs-
moment ginge sonst verloren.

• SCHLÄGER
Nach dem Auf-
schwung zeigt
der Schlägerkopf
nach oben.

VORBEREITUNG
Beginnen Sie mit einem
hohen Aufschwung, und
blicken Sie über Ihre
rechte Schulter zum Ball.
Drehen Sie sich so in der
Hüfte, daß Ihr Rücken
zur Stirnwand zeigt.

• BEINE
Ihre Beine geben
Ihnen bei der
Drehung des
Oberkörpers einen
sicheren Halt.

DER SCHLAG
Der Schläger muß
förmlich unter dem
Ball hindurchgeführt
werden, um so einen
weichen Unterschnitt
zu bekommen, der
den Ball nach der
Wandberührung auf
den Boden fallen läßt.

SCHLÄGER •
Drücken Sie den
Ball im Moment
des Auftreffens in
die richtige Rich-
tung.

– CROSS-COURT-DROP –

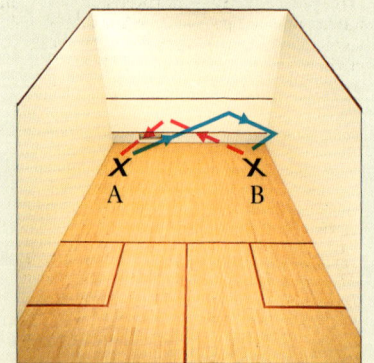

Üben Sie mit einem Partner, den Drop diagonal über die Ecken in das Nick zu spielen.
Wenn Spieler A die Seitenwand zu hoch an-
spielt, wird Spieler B ohne Probleme retournieren können. Um dieses zu verhindern,
sollte der Ball unbedingt ins Nick fallen.
Spielen Sie von vornherein höher gegen die
Stirnwand, um nicht das Tin zu treffen.

3. Schritt:
DAS AUSSCHWINGEN

Da Sie beim Drop den Ball nur drücken oder leicht schlagen, müssen Sie ihn unbedingt sauber treffen, damit dessen Richtung und Geschwindigkeit stimmen. Verfolgen Sie mit Ihren Augen den Ball auf seinem Weg Richtung Wand. Dieser Blickkontakt hilft Ihnen, Balance zu wahren und schnell zum T zurückzukehren. Behalten Sie viel Spannung in den Beinen, damit Sie sich sofort nach dem Schlag vom Boden abdrücken können. Auf gar keinen Fall dürfen Sie glauben, mit Ihrem Drop sei der Ballwechsel gewonnen. Es ist immer besser, sich auf einen Ball vorzubereiten, der dann doch nicht kommt, als einen Punkt zu verlieren, weil man nicht mehr aufgepaßt hat.

SCHULTERN •
Beim Schlag drehen sich Ihre Schultern mit.

• **BEINE**
Um einen tiefen Ball zu spielen, müssen Hüfte und Knie leicht gebeugt sein.

VORHAND-DROP-VOLLEY

Mit einem Volley werden Sie Ihren Gegner vor Probleme stellen, da Sie den Ball sehr früh annehmen. Wenn Sie einen Angriffsschlag wie den Drop-Volley beherrschen, ist Ihre Chance, den Ballwechsel zu gewinnen, recht groß. Beim Drop-Volley müssen Sie sich schnell richtig zum Ball stellen und auf Ihre Balance achten. Nehmen Sie mit Hilfe des Schlägers die Geschwindigkeit aus dem Ball, indem Sie Handgelenk und Arm stabil und fast passiv halten. Ein ganz kleiner Schlag ist völlig ausreichend, um dem Ball Druck und Richtung zu geben. Ohne diesen aber geht es

nicht, da Sie, wenn Sie den Schläger nur einfach hinhalten, wenig Aussicht auf Erfolg haben. Spielen Sie die Stirnwand zunächst etwas höher an, aber wenn Sie diesen Schlag recht sicher können, wagen Sie sich ruhig näher an das Tin heran. Führen Sie den Schläger schräg unter den Ball, um ihm einen Unterschnitt zu geben. Ihrem Gegner wird es jetzt schwerfallen, ihn noch zu erreichen.

Strecken Sie Ihren Arm aus.

• *Der Schläger wird schräg unter den Ball geführt, um diesem einen Unterschnitt zu geben.*

Zur besseren •
Balance stehen die Beine auseinander.

SCHARFER DROP
Ein Unterschnitt läßt den Ball förmlich auf den Boden fallen. Zielen Sie auf das linke oder rechte (blau) Nick.

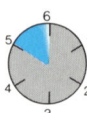

KAPITEL

5

DER LOB

Definition: *Ein Ball, der hoch über den Kopf Ihres Gegners gespielt wird.*

Der Lob ist eine hervorragende Waffe, sich während eines schnellen und kampfbetonten Spiels aus der Verteidigungsposition zu befreien und die Initiative zu ergreifen. Man kann den Lob von allen Positionen aus spielen. Ziel ist es, den Gegner in eine hintere Ecke zu zwingen, um so die Idealposition, das T, für sich frei zu machen. Es ist ein Schlag, bei dem es mehr auf Gefühl und Genauigkeit als auf Kraft ankommt, denn wenn man zu hart schlägt, fliegt der Ball leicht ins Aus oder prallt von der Rückwand ab Richtung eines erfreuten Gegners, der dann sicherlich die passende Antwort weiß. Wenn man aber den Ball andererseits zu niedrig spielt, wird es für den Gegner ein Leichtes sein, den Lob mit einem Volley zu unterbinden. Der richtig gespielte Lob jedoch ist wirklich ein ausgesprochen wertvoller Angriffsschlag.

LERNZIEL:
Eine Atempause während eines Ballwechsels bekommen. *Schwierigkeitsgrad* ••••

DER VORHAND-LOB

Spielt man in der vorderen Courthälfte den Lob von der gleichen Position wie den Drop, wird das Tempo aus dem Ballwechsel genommen.

───────── 1. Schritt: ─────────
AUFSCHWUNG

Die Vorbereitung auf den Lob ähnelt der beim Drive oder Drop. Ihrem Gegner fällt es deshalb auch schwer, zu erkennen, welchen Schlag Sie sich vorgenommen haben zu spielen. Richten Sie Ihren linken Fuß so aus, daß er auf die Stelle zeigt, an der der Ball aufspringen wird. Wenden Sie Ihre linke Schulter nach hinten, so daß Sie fast die Seitenwand anblicken. So können Sie sich in den Schlag drehen und den rechten Fuß zur Balance nutzen. Behalten Sie etwas Spannung in den Knien, damit Sie sie besser beugen können. Der Schläger muß beim Schlag möglichst unter den Ball gelangen. Öffnen Sie beim Aufschwung den Schläger, indem Sie Ihr Handgelenk so drehen, daß der Kopf fast parallel zum Boden ist.

• **SCHLÄGER**
Beginnen Sie den Schlag hoch, aber öffnen Sie schnell den Schlägerkopf, so daß Sie den Ball von unterhalb anheben können. Ihr Handgelenk muß stabil, aber auch drehbereit sein.

BEINE •
Verlagern Sie Ihr Gewicht auf den linken Fuß, und halten Sie mit Hilfe des rechten das Gleichgewicht.

2. und 3. Schritt

DER AUSSCHWUNG

Um den Lob in den hinteren Courtteil zu spielen, ohne dabei dem Gegner die Chance eines Volleys zu lassen, muß der Ball eine hohe Flugbahn haben. Hierzu sollten Sie den Schläger unter den Ball bringen und diesen hoch gegen die Stirnwand schlagen (etwa 45 cm unterhalb der Auslinie). So hat er eine gute Höhe, ohne daß Sie übermäßig viel Kraft aufwenden müssen. Wenn alles stimmt, wird der Ball weich in die hintere Hälfte fallen. Für Ihren Gegner ist es jetzt recht schwer, einen guten Return zu schlagen, bzw. es wird ihm sogar unmöglich gemacht, sollte der Ball aus dem Nick herausrollen. Ein richtiger Ausschwung wird diesen Schlag perfekt machen.

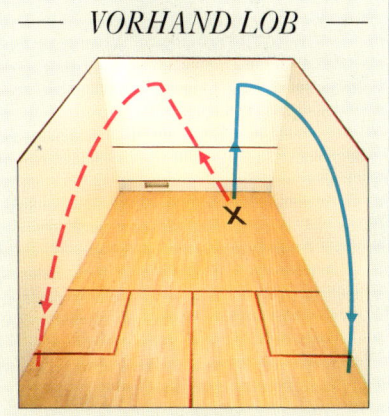

• SCHLÄGER
Öffnen Sie den Schläger, indem Sie Ihr Handgelenk drehen. Drücken Sie den Ball im Moment seines Auftreffens.

DER SCHLAG
Der Lob ist zwar kein kraftvoller Schlag, aber einen gewissen Druck sollten Sie doch ausüben, damit der Ball weit nach hinten fliegt.

• BLICK
Der Blick folgt dem Ball auf seinem Weg zur Wand.

VORHAND LOB

Spielen Sie den Lob entlang der Seitenwand in die hintere Ecke (blau). 60 cm unterhalb der Auslinie sollte der Ball auf die Stirnwand treffen, damit er hoch genug abspringt und somit einen Volleyreturn unmöglich macht. Ein richtig gespielter Cross-Court-Lob sollte die gegenüberliegende untere Ecke erreichen (rot).

SCHLAGENDE
Schwingen Sie in Schlagrichtung aus, um Höhe und Richtung zu beeinflussen. Der Schläger wird über die linke Schulter gezogen.

KAPITEL

5

DER RÜCKHAND-LOB

Es kann spielentscheidend sein, daß Ihnen als Verteidigungsschläge Lobs in beide hinteren Ecken zur Verfügung stehen.

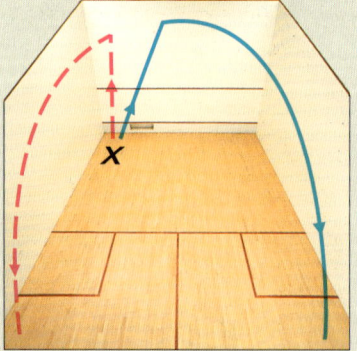

• BLICK
Verfolgen Sie den Ball mit Ihren Augen bis an eine Stelle vor Ihrem Körper, wo er gerade noch hoch genug ist, um ihn nach oben zu „schaufeln".

AUFSCHWUNG
Sie können die Ausholbewegung übertreiben, um Ihren Gegner zu täuschen; für den eigentlichen Schlag brauchen Sie jedoch nur einen kurzen, flüssigen Aufschwung.

• BEINE
Auch wenn Ihre Beine voll gestreckt sind, führen Sie die Schlagbewegung bis zum Ende aus.

---
1. und 2. Schritt

AUFSCHWUNG UND SCHLAG

Halten Sie den Schläger hoch, und stellen Sie sich so zwischen Ball und Gegner, daß dieser lange im unklaren gehalten wird, ob Sie einen kurzen oder langen Ball spielen wollen oder gar einen Lob planen. Verlagern Sie Ihr Gewicht auf den rechten Fuß, und stellen Sie die Beine weit auseinander, damit der Körperschwerpunkt niedrig bleibt. Ihr Handgelenk sollte zwar stabil sein, aber Sie sollten sich trotzdem die Möglichkeit offen halten, mit einer blitzschnellen Änderung der Handgelenkshaltung die Richtung des Balles in letzter Sekunde noch zu beeinflussen, so daß er entweder seitenparallel oder diagonal fliegt. Führen Sie den Schläger erst unter den Ball, und spielen Sie ihn dann hoch gegen die Stirnwand, etwa 45 cm unterhalb der Auslinie.

— RÜCKHAND-LOB —

Vielen erscheint es natürlicher, den Rückhand-Lob diagonal (blau) und nicht seitenparallel (rot) zu spielen, da man beim Cross-Court-Lob voll ausschwingen kann. Der Ball sollte etwa 60 cm unterhalb der Auslinie auf die Stirnwand prallen. Probieren Sie aber ruhig andere mögliche Flugbahnen aus, indem Sie die vordere Wand an verschiedenen Stellen anspielen. Erfolgreich sind besonders die Bälle, die in den hinteren Ecken landen.

DER SCHLAG
Beugen Sie sowohl Knie als auch Hüfte. So haben Sie genügend Platz, tief unter den Ball zu kommen.

• HANDGELENK
Ein Flick (kurze, schnappende Bewegung) des Handgelenks gibt dem Schlag zusätzlichen Druck.

SCHLÄGER •
Gehen Sie mit dem Schläger tief unter den Ball, um ihn als Lob hoch über den Kopf Ihres Gegners zu spielen.

3. Schritt

AUSSCHWUNG

Führen Sie den Ausschwung so flüssig und elegant aus, wie es eben einem Schlag zukommt, der hoch außerhalb der Reichweite Ihres Gegners segelt, um dann sicher im Hinterfeld zu landen. Wenn die Geschwindigkeit stimmt, dürfte der Ball weder die Decke berühren noch ins Aus gehen. Beobachten Sie, wie der Ball auf die Stirnwand trifft; Sie werden sich dabei zwar fast den Hals verrenken müssen, es zeigt Ihnen aber auch, daß Sie Ihrem Schlag die richtige Geschwindigkeit und Flugbahn mitgegeben haben. Stellen Sie sich rechtzeitig wieder in Position, um auf eventuelle Returns reagieren zu können.

• SCHLÄGER
Schwingen Sie den Schläger hoch aus. Die Flugbahn des Balles ist dann korrekt.

HÜFTE •
Beugen Sie sich in Hüfte und Knie, um einen niedrigen Körperschwerpunkt zu erhalten. Mit dem rechten Fuß müssen Sie sich gegebenenfalls schnell wieder abstoßen.

FUSS •
Der rechte Fuß dient als Stütze. Seien Sie nach dem Schlag sofort bereit, wieder zum T zu laufen.

RÜCKHAND-VOLLEY-LOB

Wenn Sie in der hinteren Courthälfte unter Druck geraten sind, ist der Lob hiergegen ein geeigneter Schlag, denn er zwingt Ihren Gegner nach hinten und gibt Ihnen die Möglichkeit, das T zu erobern. Wenn Sie früh an den Ball kommen, sollten Sie einen Volley-Lob spielen, der Sie in eine aussichtsreiche Position bringen wird. Gehen Sie tief unter den Ball, und spielen Sie ihn hoch gegen die Stirn-wand. Schlagen Sie hart genug, um den Ball an die Rückwand zu bekommen. Auch soll er hoch genug fliegen, damit Ihrem Gegner keine Gelegenheit gegeben wird, einen tödlichen Volley zu spielen. Achten Sie darauf, daß der Ball nicht an die Decke oder ins Aus springt.

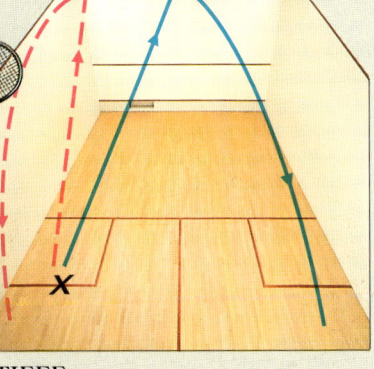

• *Halten Sie Ihr Handgelenk stabil.*

• *Die Beine stehen wegen besserer Balance auseinander.*

• *Benutzen Sie Ihren linken Fuß als Stütze.*

TIEFE
Spielen Sie den Ball druckvoll in die Tiefe des Courts (blau), jedoch nicht zu hart, da er sonst ins Aus gehen würde oder die Chance für einen leichten Return böte.

KAPITEL

6 SCHLÄGE ÜBER DIE WAND

Definition: *Schläge, die über die Seitenwände gespielt werden.*

SQUASH IST EIN SPIEL DER ECKEN UND WINKEL. Ein erfahrener Spieler benutzt Seiten- und Rückwand, um den Ball dorthin zu dirigieren, wo er sich am schwierigsten retournieren oder erlaufen läßt. Beobachten Sie einmal, wohin der Ball springt, wenn Sie ihn mit unterschiedlicher Geschwindigkeit an die Wand schlagen. Schnelle Bälle verhalten sich ganz anders als langsame, von angeschnittenen ganz zu schweigen. Wenn ein Ball in die Ecke fliegt, springt er unberechenbar ab. Der Boast ist ein sehr wirkungsvoller Schlag, da er sowohl offensiv als auch defensiv eingesetzt werden kann.

Lernziel: Schläge über die Wände mit ins Spiel einbeziehen. *Schwierigkeitsgrad* ••••

ABPRALLER

Wenn ein gerader Drive durch einen Volley unterbunden werden könnte, nehmen Sie die Wände zu Hilfe, um den Ball tief in die hintere Courthälfte zu spielen.

CROSS-COURT

Es ist manchmal schwer, den Ball mittels eines Diagonalschlages in die hintere Courthälfte zu spielen, wenn Ihr Gegner auf dem T steht. Spielen Sie jedoch den Ball über eine Seitenwand, gelingt Ihnen dieses, ohne daß Sie einen Volley zu fürchten haben. Versuchen Sie, den Ball in die Ecke zu schlagen, da dieser von dort nur schwer zu retournieren ist. Vermeiden Sie es unbedingt, den Ball von der Seitenwand in die Courtmitte zurückprallen zu lassen.

Die Schulter • steht parallel zur Schlagrichtung.

STIRNWAND

Zielen Sie auf die Mitte der Stirnwand, wenn Sie den Ball diagonal in die hintere Courthälfte spielen möchten (blau). Je weiter Sie nach links schlagen, desto flacher wird der Winkel sein, und der Ball wird von der linken Seitenwand früher als gewünscht ins Feld springen und somit eine leichte Beute für Ihren Gegner sein.

RÜCKWAND UND ECKE

Wenn Sie die Stirnwand in einem spitzen Winkel anspielen wollen, ist ein Lob oder ein hoher, seitenparalleler Ball der wohl beste Schlag. Geht der Ball zuerst gegen die Rückwand und anschließend gegen die Seitenwand, läßt er sich nur noch schwer im Spiel halten. Vor eine fast unlösbare Aufgabe stellen Sie Ihren Gegner, wenn der Ball tief unten von der Rückwand abprallt. Je genauer Sie den Ball in eine Ecke spielen, desto besser ist es. Denken Sie daran: Für einen ungenauen Schlag, der in die Mitte des Courts prallt, werden Sie unerbittlich bestraft.

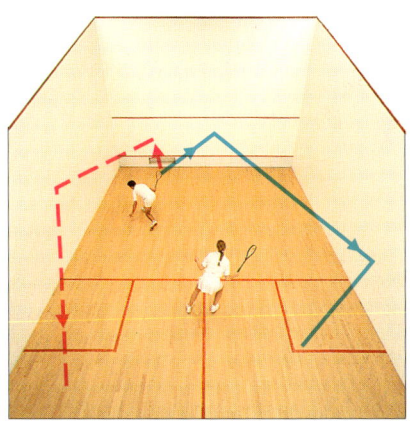

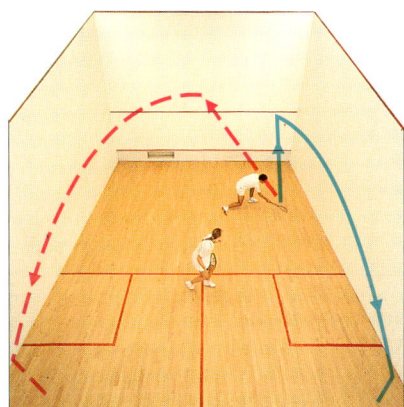

BREITE UND HÖHE

Sie sollten Ihrem Gegner bei einem Cross-Court auf keinen Fall die Chance zu einem Volley geben (blau). In die Tiefe des Courts kommen Sie, wenn Sie seine Breite und Höhe ausnutzen. Wenn Sie hoch schlagen, tun Sie dieses nicht zu hart – der Ball würde sonst ins Aus gehen oder von der Rückwand hoch ins Feld prallen.

SEITENPARALLEL

Wenn Sie den Ball parallel zur Wand schlagen möchten, machen Sie dieses mit leicht angewinkeltem Schläger – der Ball wird dann an der Wand „kleben" (blau) und nur schwer retournierbar sein. Der ideale Schlag landet im Nick von Rückwand und Boden. Es ist besser, den Ball vorher auf den Boden prallen als ihn von der Rückwand abspringen zu lassen.

PASSIERSCHLAG UND WINKEL

DAS INTELLIGENTE SPIEL

Ein Squashmatch wird keineswegs immer von dem Spieler gewonnen, der am härtesten schlagen kann, denn Köpfchen ist genauso wichtig wie Kraft. Schauen Sie, wo Ihr Gegner steht, und winkeln Sie den Schlag so an, daß der Ball für ihn fast unerreichbar wird. Zum guten Spiel benötigt man also Gefühl, Präzision und Kraft.

BEHERRSCHEN SIE DEN COURT

Der Boast kann Ihren Gegner in eine schlechte Schlagposition bringen, insbesondere dann, wenn er nicht weiß, ob er einen Drive, einen Cross-Court oder eben einen Boast zu erwarten hat. Nutzen Sie die Zeit, die er für einen Return braucht, das T zu erobern. Selbst wenn Ihr Gegner den Ball zurückspielen kann, sein Schlag wird wahrscheinlich so schlecht sein, daß Sie den Ballwechsel jetzt gewinnen werden.

Beugen Sie tief ab, um einen Reverse Angle (Schlag über den entgegengesetzten Winkel) zu spielen.

• Seien Sie auf einen kurzen Ball Ihres Gegners vorbereitet.

KAPITEL

6

DER BOAST

Ein gleichermaßen offensiver wie defensiver Ball,
gespielt aus allen Bereichen des Courts.

SCHLAGHALTUNG

Der Boast eignet sich als Offensiv-, aber
auch als Defensivschlag. Sie müssen den
Ball so hart schlagen, daß er zuerst gegen die
Seitenwand und dann gegen die Stirnwand
fliegt. Nehmen Sie eine ähnliche Schlaghaltung ein wie beim Drive, aber schauen Sie
nach hinten. Auf diese Weise wird es Ihnen
gelingen, den Schläger hinter den Ball zu bekommen und diesen so über die Seitenwand
an die Stirnwand zu spielen. Da der Ball gegen zwei, manchmal sogar drei Wände prallen soll, müssen Sie ihn etwas schräg nach
oben schlagen, andernfalls wird er gegen das Tin fliegen. Um den nötigen Druck zu erzeugen, blicken
Sie zunächst nach hinten und
drehen sich dann in den Schlag.

• SCHLÄGER
Der Schlag muß et-
was nach oben gezielt
werden, damit der
Ball den Weg über
zwei oder drei Wände
auch schafft.

DER SCHLAG
Spielen Sie den Ball hart gegen die rechte
Wand. Aber Vorsicht: Ist der Schlagwinkel
nach oben zu groß, wird der Ball zur Freude
Ihres Gegners sehr hoch abspringen.

FLACH SPIELEN
Spielen Sie den Ball flach, damit er nicht hoch aus
der Ecke abspringt. Er soll im Nick liegenbleiben
oder doch zumindest schwer spielbar sein. Schlagen
Sie druckvoll, und lassen Sie Ihren Gegner laufen.

OFFENSIV-BOAST

Wenn Ihr Gegner hinter Ihnen steht,
kann ihn ein Boast in die vordere Ecke
vor große Probleme stellen, da er einen
weiten Weg zum Ball zurücklegen
muß. Aber selbst wenn Sie hinter ihm
stehen, können Sie trotzdem einen of-
fensiven Boast spielen, wenn Sie ihn
nur gut plázieren. Das schaffen Sie,
wenn Sie das Nick der gegenüberliegenden Wand anspielen. Wie gut die
Position Ihres Gegners auch sein mag,
dieser Ball wird für ihn kaum spielbar
sein. Selbst wenn Sie das Nick knapp
verfehlen, viel einfacher wird es dadurch für ihn auch nicht. Auf alle Fälle
können Sie erst einmal die Initiative
wieder ergreifen.

KURZER BOAST

Wie der Name schon besagt, soll dieser Schlag nach einer kurzen Flugphase bereits beendet sein. Er wird wie ein Drop gespielt, und zwar von der Seitenwand über die kurze vordere Ecke. Spielen Sie dabei den Ball mit Druck.

SEITENWAND
Um den Ball über die Ecke zu spielen, müssen Sie ihn zunächst gegen die Seitenwand schlagen. Dieser Schlag verlangt mehr Tempo als ein Drop, damit die erforderliche Höhe an der Stirnwand erreicht wird.

DEFENSIV-BOAST

Wenn der Ball an Ihnen bereits so weit vorbeigeflogen ist, daß ein Drive oder Volley nicht mehr möglich ist, können Sie die Situation mit einem defensiven Boast retten. Oft müssen Sie diesen Schlag aus vollem Lauf spielen, deshalb ist eine gute Balance hier besonders wichtig. Schlagen Sie druckvoll aufwärts, damit der Ball die Stirnwand auch erreicht. Sobald Sie gespielt haben, drehen Sie sich um und eilen zum T zurück.

RÜCKHAND
Rückhand-Boasts sind besonders dann anzuwenden, wenn Sie erkennen, daß sich Ihr Gegner gerade darauf einstellt, einen Drop oder einen seitenparallelen Ball zu retournieren. Wenn Sie jetzt das Nick treffen, haben Sie fast schon gewonnen.

Achten Sie auf den defensiven Boast.

BOAST ÜBER DREI WÄNDE
Wenn Sie einen Boast von der hinteren Ecke aus spielen möchten, müssen Sie den Schlag etwas höher ansetzen. Wählen Sie den Schlagwinkel so, daß der Ball von der rechten Seitenwand über die linke vordere Ecke auf die linke Seitenwand prallt, bevor er auf den Boden fällt.

KAPITEL

6

WINKELSCHLÄGE

Wände und Winkel lassen eine Vielzahl von Schlägen zu,
mit denen man seinen Gegner unter Druck setzen kann.

VORDERE COURTHÄLFTE

Wenn Sie sich in der vorderen Courthälfte
aufhalten und Ihr Gegner befindet sich in
der hinteren, dann spielen Sie entweder einen kurzen Ball, um ihn durch den ganzen
Court laufen zu lassen, oder Sie „nageln"
ihn förmlich mit langen Schlägen hinten
fest. Mit Hilfe der Wände können Sie
Ihrem Gegner Probleme bereiten, da er so
keinen der langen Schläge unterbinden
kann. Das Spiel über die Wand nutzt
die vorhandenen Winkel aus und
verhindert zudem, daß Sie bere-
chenbar werden.

Achten Sie auf
Ihren Gegner, wenn
Sie sich für einen
Schlag entscheiden.

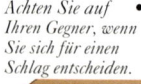

VORHANDMÖGLICHKEITEN
Es gibt eine Reihe guter Vorhandschläge. Der seitenparallele Schlag
(blau) sollte die Wand auf Höhe des
Aufschlagviereck berühren und
dann in die hintere Ecke prallen.
Diese Flugbahn läßt einen Volley
kaum zu und zwingt Ihren Gegner
in die Defensive. Wenn er hinten im
Court steht, wäre der kurze Boast
(rot) (s. S. 55) der angemessene
Schlag.

RÜCKHANDMÖGLICHKEITEN
Setzen Sie Ihren seitenparallelen Schlag (blau) hoch
genug an, daß er nach einer Seitenwandberührung
in die Tiefe des Courts fliegt, ohne daß Ihr Gegner
eine Volleychance hätte. Schlagen Sie den Ball nicht
zu hart, da er sonst von der Rück-
wand gut retournierbar ins Feld
springen würde.

• *Lassen Sie Ihren Gegner solange*
wie möglich im unklaren, welchen
Schlag Sie spielen werden.

HINTERE COURTHÄLFTE

Wenn Sie hinter Ihrem Gegner stehen, sollten Sie die Seitenwand benutzen, um Zeit zu gewinnen, in eine bessere Position zu gelangen. Drops könnten riskant sein, spielen Sie sie also nur, wenn Sie vom Erfolg überzeugt sind. Diagonale oder seitenparallele Schläge sind aber meistens erfolgversprechender. Wichtig ist, daß Sie Ihren Gegner hoch und weit passieren, damit er nicht die Gelegenheit zu einem tödlichen Volley erhält.

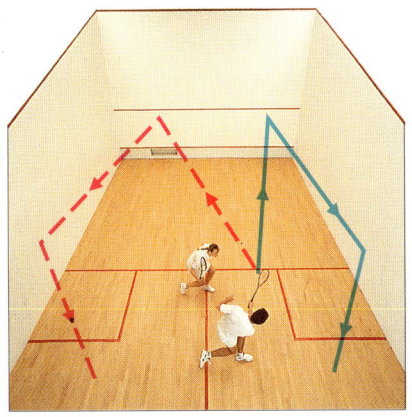

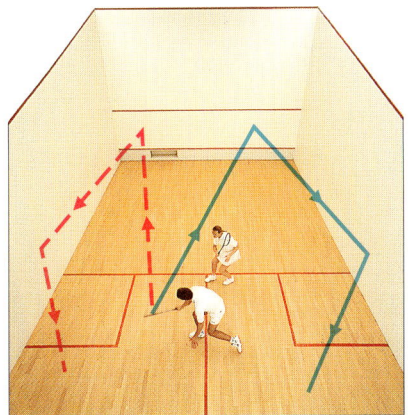

VORHAND AUS DER TIEFE

Die Vorhand aus dem hinteren Courtteil sollte druckvoll gespielt werden, da so Ihr Gegner ebenfalls nach hinten laufen muß. Damit er aber nicht vorher schon den Ball spielen kann, muß dieser hoch über die Seitenwand in Höhe des Aufschlagvierecks geschlagen werden (blau). Der Ball sollte so nah wie möglich beim hinteren Nick aufkommen. Erobern Sie schnell das T, während sich Ihr Gegner noch um den Ball bemüht.

RÜCKHAND-CROSS-COURT

Wenn Sie eine Rückhand aus dem hinteren Teil diagonal spielen wollen, müssen Sie dieses mit ausreichendem Druck tun, damit der Ball auch wirklich die gegenüberliegende Ecke erreicht. Dieser Schlag läßt Ihnen genügend Zeit, sich zum T zu begeben, zwingt aber auch gleichzeitig Ihren Gegner in die Defensive. Spielen Sie den Ball aber über die Seitenwand, um so einen Volley unmöglich zu machen.

VERSCHLEIERN SIE IHRE ABSICHT

Täuschen ist eine wirkungsvolle Waffe, wenn Sie Ihren Gegner in diesem „physischen Schachspiel auf dem Court" in die Irre leiten wollen. Zwei Dinge helfen Ihnen hierbei ganz besonders:

• Ändern Sie in letzter Sekunde Ihre normale Schlagposition oder Ihren Durchschwung. Wenn Sie sich zum Beispiel einen kraftvollen Drive vorgenommen haben, so können Sie den eigentlichen Schlag durchaus noch gefühlvoll ausführen, indem Sie Ihren Durchschwung plötzlich verlangsamen und den Ball mit einer kurzen Handgelenkbewegung entweder hoch gegen die Rückwand oder kurz als Drop spielen.

• Kontrolle – wahren Sie die Balance, und bewegen Sie sich flüssig. Benutzen Sie Ihren Körper, um Ihre wahren Absichten zu verschleiern. Leichte Druck- und Richtungsänderungen, dazu ein gutes Wissen über das Einbeziehen von Winkeln und Seitenwänden, verhelfen Ihnen zu einem beeindruckenden Schlagrepertoire. Planen Sie jeden einzelnen Schlag sorgfältig.

• Ihr freier Arm dient Ihnen zur Balance.

Variieren • Sie die Schlägerkopfhaltung.

KAPITEL

7 POSITIONSSPIEL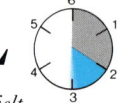

Definition: *Bereiche finden, von wo aus man erfolgreiches Squash spielt.*

EIN SQUASHCOURT ist nur 9,70 m lang und 6,40 m breit, aber er sieht viel größer aus, wenn man hinten an der Wand steht, und der Gegner spielt vorne einen Drop. Möglicherweise können Sie diesen Ball noch erlaufen, mit Sicherheit werden Sie aber viel Energie dafür verbraucht haben. Denken Sie also immer daran, die erfolgversprechendste Position ist und bleibt das T.

LERNZIEL: Die beherrschende Position erobern, von der Sie alle Teile des Courts gleichermaßen schnell erreichen. *Schwierigkeitsgrad:* •••••

DIE BEHERRSCHUNG DES COURTS

Wie eine Partie Schach, so ist auch Squash ein ständiger Kampf um positionelle Vorteile, jedoch mit dem Unterschied, daß man hier als Sieger auch Geschwindigkeit und Spielrhythmus bestimmen kann.

REICHWEITE

Es ist oft viel besser, sich zum Ball zu strecken als ihn zu erlaufen, denn es kann, bevor man die richtige Schlaghaltung eingenommen hat, bereits zu spät sein, und man hat lediglich wertvolle Energien verschwendet. Je weiter man sich strecken kann, desto größer ist die Chance eines guten Returns. Geschwindigkeit und Balance sind die beiden wesentlichen Merkmale, die man für diese Fähigkeit braucht.

• **ARM**
Benutzen Sie den freien Arm zur Balance, wenn Sie sich mit dem Schlagarm nach einem tiefen Ball strecken.

• **BLICK**
Versuchen Sie zu erahnen, wohin der Ball möglicherweise gehen wird. Seien Sie rechtzeitig zum Schlag bereit.

• **BEINE**
Gehen Sie in den Ausfallschritt, aber achten Sie auch hier auf einen festen Stand, damit Sie sich auf den nächsten Ball einstellen können.

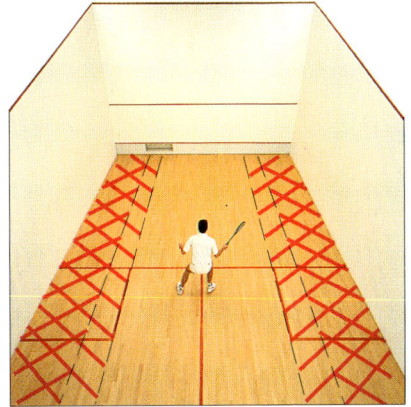

AKTIONSBEREICHE

Die Mitte des Courts ist die ideale Position, um einen Ballwechsel erfolgreich zu bestreiten. Spielen Sie also auf keinen Fall solche Bälle, die Ihr Gegner von dort aus retournieren kann. Squash wird deshalb zumeist in wandnahen Bereichen gespielt, d. h., je besser die Spieler sind, desto näher an der Wand wird sich das Geschehen abspielen. Während eines Matches ist deshalb die Courtmitte ein strategisch wichtiger Punkt, denn von dort kommen Sie schnell in alle Ecken und können jeden Drive frühzeitig unterbinden.

AUFSCHLAGVIERECK
Stellen Sie sich vor, die Seitenlinien der Aufschlagvierecke sind bis zu der Stirn- und Rückwand verlängert. Wirklich jeder Ball sollte zwischen diesen Linien und der jeweiligen Wand, also in den gestrichelten Feldern, aufkommen. Je näher Sie den Ball an die Wand schlagen, desto problematischer wird der Return für Ihren Gegner. Also: nicht in die Mitte spielen!

STARTEN SIE VOR DEM T
Mit zwei oder drei Schritten sind Sie vom T aus am Ball, egal, wohin Ihr Gegner ihn auch spielen mag. Konzentrieren Sie sich darauf, nach jedem Schlag sofort zum T zurückzukehren; bald wird dieses ein richtiger Reflex werden. Beide Spieler wollen natürlich zum T – seien Sie der erste!

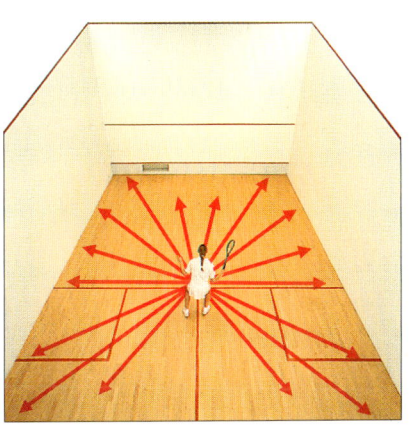

SEIEN SIE CHEF IM RING

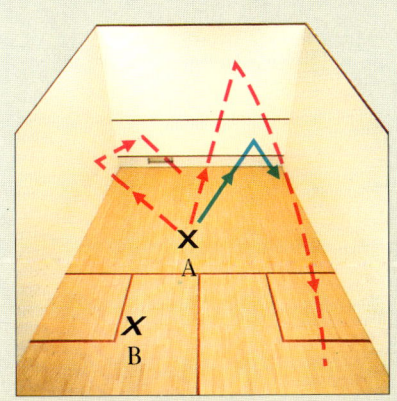

Spieler A wird Kapital aus der Position von Spieler B schlagen.

DER BESTE ANGRIFF
Ein starker Gegner (Spieler A) merkt, wenn Sie (Spieler B) in einer schlechten Position sind, und wird die Situation ausnutzen, indem er den Ball weit weg von Ihnen spielt (blau). Vielleicht können Sie diesen Ball noch zurückbringen, befinden sich aber nun in einer noch viel schlechteren Lage, aus der Sie sich kaum noch befreien können.

DIE BESTE VERTEIDIGUNG
Wenn Sie sich ganz hinten im Court aufhalten (B), hat der Angreifer (A) eine ganze Reihe guter Schlagmöglichkeiten, z. B. in beide vorderen Ecken (blau) oder in eine der hinteren (rot). Sie müssen jetzt die Initiative ergreifen. Die beste Möglichkeit wäre, einen Defensivschlag anzubringen, wie z. B. einen Lob, um dann das freigewordene T zu erobern.

T-POSITION

*Den Schnittpunkt von Mittel- und Querlinie nennt man das T.
Es ist die strategisch günstigste Position für einen Spieler.*

AUF DEM T

Zwei Spieler müssen sich um nur ein T streiten, und beide wollen diesen positionellen Vorteil besitzen. Man kann durchaus einen härter schlagenden Gegner besiegen, solange das eigene Positionsspiel es ermöglicht, Drives mit kurzen oder langen Returns zu unterbinden. Es läßt sich gelegentlich nicht vermeiden, daß man das T verlassen muß, aber man sollte versuchen, es sofort wieder zu besetzen. Und vergessen Sie nie, ein einzelner Schlag besteht aus drei Komponenten: der Vorbereitung, zu der auch die Annäherung an den Ball zählt, dem Schlag selber und dem Zurückgehen in die Ausgangsstellung. Letzteres beinhaltet auch: zurück zum T.

SCHLAG IN DIE TIEFE
Wenn Sie förmlich den Atem Ihres Gegners hinter sich spüren, spielen Sie den Ball möglichst weit entfernt vom T. Hier wäre also ein hoher und druckvoller Schlag in die Tiefe des Courts angebracht, der sich auf Grund seiner Entfernung zum T kaum unterbinden läßt.

• SCHLÄGER
Bringen Sie den Schläger unter den Ball, um so einen defensiven Return zu spielen, der Ihren Gegner zwingt, das T zu verlassen.

BLICK •
Wenn Sie auf dem T stehen, blicken Sie über die Schulter, um zu sehen, wo sich Ihr Gegner befindet.

SCHLÄGER •
Halten Sie Ihren Schläger hoch, um so schneller an den Ball zu kommen.

BEINE •
Beine und Hüften stehen frontal zur Stirnwand, auch, wenn Sie über Ihre Schulter nach hinten schauen.

ZURÜCK ZUM T

Ihr Schlag ist erst dann völlig beendet,
wenn Sie wieder auf dem T stehen. Nehmen Sie immer an, Ihr Schlag sei gut ge-
wesen, und bereiten Sie sich auf Ihren
nächsten vor. War Ihr Schlag tatsächlich
gut, aber Sie haben es versäumt, rechtzeitig zum T zurückzukehren, dann wird Ihr
Gegner Sie auf Grund Ihrer schlechten
Position wohl ausplazieren. Bewegen Sie
sich flüssig – wenn Sie Ihren Rhythmus
verlieren, haben Sie Probleme mit dem
Gleichgewicht, und ein aufmerksamer
Gegner wird Sie schnell „auf dem
falschen Fuß" erwischen.

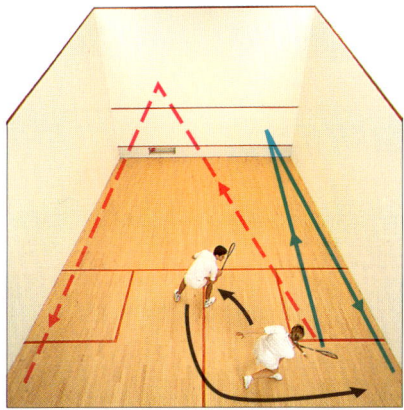

KURZER BALL

Wenn es mit einem kurzen Ball zu tun haben,
ist es vorteilhaft, diesen weit nach hinten zu spielen, um die Zeit zu nutzen, das T wieder zu besetzen. Schlagen Sie parallel zur Wand (blau) oder diagonal (rot). Verschwinden Sie aus der vorderen
Hälfte, denn wenn ein Ball Sie auf seinem Weg zur
Stirnwand trifft, haben Sie den Punkt verloren.

ECKE

Wenn Sie sich während eines Spiels plötzlich in einer der hinteren Ecken wiederfinden, dann ist ein
langer, seitenparalleler Ball der beste Weg, die Initiative wiederzuerlangen und auf das T zurückzukehren. Dieser Schlag muß druckvoll gespielt werden, damit Ihr Gegner nicht frühzeitig an den Ball
kommen kann. Am besten ist es, wenn der Ball in
der Nähe der hinteren rechten Ecke landen würde,
denn dann wäre das T für Sie frei.

BEHERRSCHEN SIE DEN COURT

KONTROLLIEREN SIE DEN BALLWECHSEL

Um in einem Ballwechsel zu dominieren, müssen Sie schnellfüßig und schlagsicher sein. Sie
sollten ferner den Ball jederzeit erreichen können, um ihn dann genau und, falls nötig, hart zu
schlagen. Schließlich sollten Sie auch in der Lage sein, rechtzeitig zum T zurückzukehren. Sie
müssen Lobs, Drives und Drops spielen können
und sollten zudem fähig sein zu erkennen, wann
ein Boast hilfreich sein könnte.

PASSEN SIE IHR SPIEL AN

Richten Sie Ihr Spiel nach den Fähigkeiten des
Gegners. Wenn Ihre Drops oft erlaufen werden,
spielen Sie sie nicht mehr; wenn Ihre Drives
stets durch Volleys unterbunden werden, suchen
Sie sich eine andere Taktik. Schauen Sie, wo ihr
Gegner steht, spielen Sie den passenden Ball.
Beispiel: Wenn Spieler A auf dem T steht, sollte
Spieler B den Ball in die gegenüberliegende hin-
tere Ecke schlagen (blau).

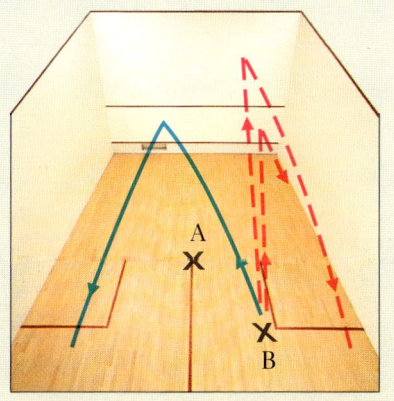

Passieren Sie Ihren Gegner mit dem größtmöglichen Abstand.

KAPITEL

7

BEHINDERUNG

Schnelle, auf engen Raum beschränkte Sportarten bergen das Risiko von Verletzungen,
aber die Squashregeln sind so abgefaßt, daß sie ein sicheres und unterhaltsames Spiel gewährleisten.

ILLEGALER SCHWUNG

Viele Verletzungen werden dadurch verursacht, daß ein Spieler den anderen mit seinem Schläger trifft. Um dieses Risiko zu vermindern, heißt es in den Regeln, daß ein Spieler bei seinem Ausschwung den Gegner nicht gefährden darf. Beide Spieler müssen sich stets im klaren sein, daß sie zu gleichen Teilen die Verantwortung für ein sicheres Spiel tragen. Achten Sie darauf, welchen Schlag Ihr Gegner auszuführen gedenkt, und halten Sie sich dann in sicherer Entfernung zu ihm auf, damit er seinen Schlag unbedrängt ausführen kann.

• ARM UND SCHLÄGER
Während eines Ausschwungs haben Arm und Schläger eine Gesamtlänge von etwa 1,20 m. Passen Sie also auf, daß sich Ihr Gegner in einem ausreichenden Abstand zu Ihnen aufhält.

• POSITION
Versuchen Sie nie, zu nah beim Gegner zu stehen. Verletzungen würden nämlich Sie erleiden, nicht er!

• SCHLÄGER
Nach einem Rückhandschlag wird der Schläger hoch gehalten, und das Handgelenk bleibt stabil.

KOMPAKTER SCHLAG

Gefährlich übertriebene Ausschwünge ergeben sich fast automatisch dann, wenn der Ball mit zuviel Kraft geschlagen wird. So etwas ist nicht nur verboten, sondern auch für das eigene Spiel nachteilig, denn ein wildes Eindreschen auf den Ball wird nur selten einen gut getimten, druckvollen und präzisen Schlag ermöglichen. Ihr Durchschwung bleibt flüssig, wenn Sie den Ball im Moment der Berührung (siehe S. 27) drücken und dann den Schlag mit senkrecht stehendem Schläger beenden.

BEHINDERUNG

Während eines Ballwechsels konzentrieren sich beide Spieler auf den Ball, und jeder möchte sich auf dem ´T` auf den nächsten Schlag vorbereiten. Daher ist es manchmal unvermeidlich, daß beide sich gegenseitig im Weg stehen. Wenn diese Behinderung unumgänglich war, wird der Ballwechsel wiederholt, ist sie jedoch von einem Spieler leichtfertig herbeigeführt worden, erhält dessen Gegner den Punkt.

SCHLÄGER •
Behinderung sowie körperlicher Kontakt ereignen sich, wenn man einen Durchschwung nicht zu Ende bringen kann, weil man fürchtet, den Gegner verletzen zu können.

ERLAUFEN

Der direkte Weg zum Ball mag Ihnen durch Ihren Gegner versperrt sein, aber trotzdem sollten Sie unbedingt versuchen, ihn zu umlaufen. Es ist unsportlich, sich auf eine Behinderung zu berufen, wenn man den Ball ohne große Mühe hätte erlaufen können.

SCHLÄGER •
Wenn Sie an Ihrem Gegner vorbeilaufen müssen, um an den Ball zu kommen, halten Sie den Schläger von ihm fern.

BEMÜHEN
Bemühen Sie sich aufrichtig, an den Ball zu kommen. Es ist wichtig, daß Sie es wirklich versuchen, denn sonst könnte es passieren, daß Sie ein Let (Ballwechselwiederholung) beantragen, Ihnen dieses aber nicht zugestanden wird.

KAPITEL

8 DER AUFSCHLAG

Definition: *Der erste Schlag eines Ballwechsels.*

Anders als beim Tennis ist es beim Squash schwer, ein As zu servieren.
Bestenfalls schafft man es mit einem guten Aufschlag,
den Gegner zu einem relativ schwachen Return zu verleiten, der einen gleich in
eine vorteilhafte Position bringt. Zu einem guten Aufschlag gehören Druck und
Genauigkeit, damit der Ball über die Seitenwand an die Rückwand fliegt.
Gelingt einem dieses, braucht man kaum einen aggressiven Return zu
befürchten. Damit der Gegner sich nicht auf den Aufschlag einstellen kann,
sollte man diesen variabel schlagen können.

LERNZIEL: Den Gegner in die Defensive drängen. Schwierigkeitsgrad ••••

AUFSCHLAG ZUM SIEG

*Der Aufschlag ist die einzige Gelegenheit im Spiel, wo man Ihnen Zeit und Platz läßt,
genau den Schlag auszuführen, den Sie sich vorgenommen haben –
lassen Sie diesen Vorteil nicht ungenutzt!*

RÜCKHAND

Wenn Sie aus dem Vorhand-Aufschlag-
viereck das Service mit der Vorhand
schlagen, kann dieses für Sie nachteilig sein, weil Sie so Ihrem Gegner
den Rücken zuwenden und sich
nach dem Schlag drehen müssen,
um zum T zu gelangen. Mit einem Rückhandaufschlag umge-
hen Sie dieses Problem. Zwar
ist er ein schwieriger Schlag
und läßt sich nur als Lob spielen, aber es lohnt sich wirklich, ihn in seinem Repertoire
zu haben, allein
schon, um seinen
Aufschlag zu
variieren.

• BLICK
Blicken Sie den Ball an,
wenn Sie ihn nach oben
drücken (siehe S. 27).

SCHLÄGER •
Öffnen Sie den
Schlägerkopf, und
treffen Sie den Ball von
unten, um ihn schräg
nach oben zu schlagen.

• DER WURF
Werfen Sie den Ball so vor Ihrem
Körper hoch, daß Sie einen vollen,
ungehinderten Durchschwung
ausführen können.

FÜSSE •
Nach den Regeln
muß Ihr linker Fuß
im Aufschlagvier-
eck so lange blei-
ben, bis der Auf-
schlag ausgeführt
worden ist.

AUFSCHLAGARTEN

Sie sollten eine Reihe von Aufschlagvarianten in Ihrem Repertoire haben, damit Ihr Spiel nicht durchschaubar wird. Wechseln Sie Drives mit weichen Lobs ab, oder kombinieren Sie diese beiden Schläge, indem Sie den Ball die Seitenwand an der für Ihren Gegner ungünstigsten Stelle – also oberhalb des Aufschlagvierecks – touchieren lassen. Das Service darf nie in einem zu spitzen Winkel auf die Seitenwand treffen, da der Ball sonst zu weit ins Feld prallen und Ihrem Gegner einen leichten Return ermöglichen würde. Der Ball sollte nicht weiter als 60 cm von der Wand entfernt aufkommen.

• **SCHLÄGER**
Winkeln Sie den Schlägerkopf an, um den Ball diagonal zu schlagen.

SCHMETTER-BALL

Der Ball sollte hart und flach geschlagen im Nick hinter dem Aufschlagviereck aufkommen. Versuchen Sie jedoch gelegentlich, den Gegner mit einem Schmetterball in die Courtmitte zu überraschen.

•
SCHLÄGER
Spielen Sie den Ball etwa in Kopfhöhe.

HANDGELENK •
Ihr Handgelenk sollte sich dem jeweiligen Schlag anpassen. Mit einem sog. Flick läßt sich zusätzliche Geschwindigkeit erzeugen.

HALB-LOB

Spielen Sie den Schlag mit Druck, aber mit leicht geöffnetem Schläger, um den Ball besser anzuheben. Zielen Sie genau: Der Ball sollte die Seitenwand leicht berühren und kurz nach dem Abprallen von der Rückwand auf dem Boden förmlich liegenbleiben.

LOB

Ein Lob kann für Ihren Gegner unspielbar werden, wenn der Ball hoch gegen die Seitenwand prallt und dann weich in der hinteren Ecke landet. Spielen Sie den Ball dicht an der Seitenwand entlang, um einen Volley-Return zu vermeiden.

AUFSCHLAG-RETURN

*Ein gut gespielter Return ist die beste Waffe gegen
einen genau plazierten Aufschlag.*

ANNEHMEN

Wie ein hervorragender Aufschlag den nachfolgenden Ballwechsel entscheidend zu beeinflussen vermag, so kann andererseits ein guter Return den Annehmer durchaus auf die Siegerstraße bringen. Bei der Annahme ist äußerste Konzentration geboten, da es ja der Aufschläger ist, der bestimmt, wann, wie und wohin dieser erste Schlag kommen wird. Stellen Sie sich hinter das Aufschlagviereck, und beobachten Sie Ihren Gegner ganz genau, ob der Ihnen vielleicht nicht schon einen Hinweis auf den zu erwartenden Schlag gibt. Reagieren Sie schnell, und spielen Sie, wann immer es geht, einen druckvollen Angriffsvolley.

POSITION •
Stellen Sie sich etwa
60 cm hinter dem
Aufschlagviereck auf,
wobei das Bein, das
der Mittellinie am
nächsten ist, auf einer
gedachten Verlänge-
rung der Seitenlinie
dieses Vierecks steht.

SCHULTERN
Ihre Schultern sollten
ganz locker sein, da-
mit Sie sowohl eine
Vorhand als auch
eine Rückhand
schlagen können.

SCHLÄGER
Um für den näch-
sten Schlag bereit zu
sein, halten Sie den
Schlägerkopf hüft-
hoch vor Ihrem
Körper.

KNIE
Die Knie sind für
einen schnellen Positi-
onswechsel gebeugt.

DER „TÖDLICHE" SCHLAG
Um einen derartigen Schlag in die linke Ecke zu
bringen, spielen Sie den Ball als Volley entlang der
Seitenwand. Er muß knapp oberhalb des Tin aufkommen.

RÜCKHAND-VOLLEY

Der Volley-Return ist dann besonders effektiv, wenn er gespielt wird, bevor der Ball an die Seitenwand prallt. Weil der Schlag so früh retourniert wird, hat der Aufschläger weniger Zeit, zum T zurückzukehren, und steht daher oft sehr ungünstig. Da der Rückhand-Volley ein durchaus schwieriger Schlag ist, lassen viele Spieler den Ball lieber erst von der Wand abspringen, um dann einen Drive zu spielen. Das geht zwar, ist aber eher ein Vorteil für den Gegner. Der Volley ist einfach besser, denn mit ihm lassen sich viele Arten von Schlägen spielen, die einen Ballwechsel schnell siegreich beenden können, wie z. B. der Cross-Court in eine Ecke oder ins Nick.

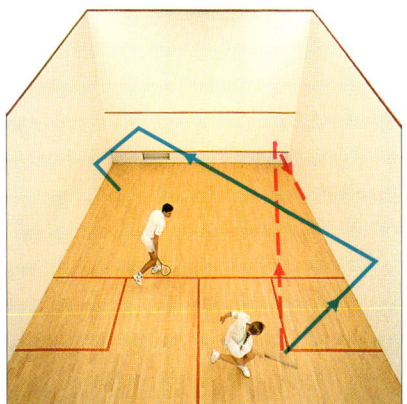

HART UND FLACH

Spielen Sie den Ball hart und flach gegen die
Seitenwand, damit er von dort in die gegenüberliegende rechte Ecke fliegt (blau). Ideal wäre es,
der Ball würde im Nick oder doch zumindest in
seiner Nähe landen.

VORHAND-ANGRIFF

Auch wenn Sie keine Chance haben, den
Aufschlag als Volley anzunehmen, bevor
er gegen die Seitenwand prallt, läßt sich
der Ball trotzdem noch in die vordere
rechte Ecke bringen, falls er so ins Feld
abspringt, daß Sie ihn sauber treffen
können. Eine Alternative wäre ein Boast
in dieselbe Ecke. Beide Varianten würden den Aufschläger zwingen, das T frei-
zugeben und Ihnen die Initiative zu
überlassen. Auch wenn Sie den Volley
gut beherrschen und deshalb den Aufschlag vor dem Aufprallen annehmen,
wäre es gelegentlich doch ratsam, den
Ball aufspringen zu lassen, um somit Ihr
Spiel variabler zu gestalten.

VORHAND-VERTEIDIGUNG

Durch einen guten Aufschlag können
Sie schnell in die Defensive gedrängt
werden. Versuchen Sie deshalb, Ihren
Gegner mit einem hohen und weiten
Ball in die hintere Courthälfte zu zwin-
gen. Das gibt Ihnen Zeit, Ihre Position
zu verbessern, während sich die Ihres
Gegners gleichzeitig verschlechtert.
Wenn dieser sich dann in der Nähe der
Rückwand befindet, spielen Sie einen
langen, seitenparallelen Ball oder einen
Boast in die gegenüberliegende Ecke.

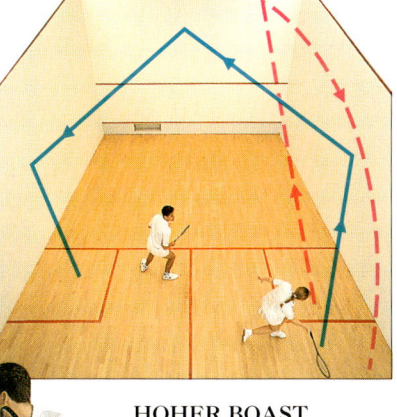

HOHER BOAST

Kontern Sie einen weiten Aufschlag mit einem hohen Boast,
der über drei Wände in die andere
Hälfte des hinteren Courtteils
prallt. Spielen Sie den Ball druckvoll schräg nach oben, um ihm
Schwung und die richtige Flugbahn mitzugeben. Laufen Sie
Sie sofort wieder zum T
zurück. Nie stehenbleiben,
um dem Ball nachzusehen.

*Schlagen Sie •
hart und
schräg nach
oben gegen
die Wand.*

*• Schauen Sie, was Ihr
Gegner gerade tut, und seien
Sie jederzeit spielbereit.*

KAPITEL

9 BALLWECHSEL

Definition: *Der Kampf um den entscheidenden Vorteil.*

Nicht jeder Schlag wird unmittelbar zum Sieg führen.
Wenn sich Ihr Gegner nach einem guten Schlag in einer dominierenden
Position befindet, ist oft das einzige, was Ihnen dann noch verbleibt,
den Ball im Spiel zu halten. Wenn Sie jedoch total in die Defensive
gedrängt worden sind, können Sie fast nur noch auf ein Wunder hoffen.
Es wäre völlig falsch, wenn Sie versuchen würden, mit jedem einzelnen
Schlag den Ballwechsel entscheiden zu wollen: Das Risiko,
Fehler zu begehen, wäre viel zu groß. Warten Sie geduldig, bis sich Ihnen
eine Angriffsmöglichkeit bietet.

LERNZIEL: Zu erkennen,
welcher Schlag wann gespielt werden muß. *Schwierigkeitsgrad* ••••

SAMMELN SIE KRAFT

*Eignen Sie sich ein Repertoire solider Schläge an, das Ihnen hilft,
einen langen Ballwechsel durchzustehen und Ihren Gegner in die Defensive zu drängen.*

REICHWEITE

Je weniger Bälle Sie passieren lassen,
desto länger bleiben Sie im Spiel. Versuchen Sie, so viele Bälle wie möglich
durch Strecken zu errei-
chen, ohne sich vom T zu
entfernen. Seien Sie nach
jedem Schlag sofort wie-
der spielbereit. Trainieren
Sie, Bälle mittels eines
Ausfallschrittes vom T
aus zu retournieren.

• ARM
Benutzen Sie Ihren freien
Arm, um die Balance zu
wahren. Er wird Ihnen auch
helfen, schnell in die Ausgangsstellung zurückzuge-
langen.

• STRECKEN
Geben Sie das T nie
freiwillig auf. Wenn
immer es geht, ver-
meiden Sie es, einen
Ball zu erlaufen, son-
dern strecken Sie
sich nach ihm.

ERAHNEN

Wenn Sie während eines Ballwechsels auf dem T stehen, wird Ihr Gegner versuchen, Sie von dort zu vertreiben, indem er den Ball in eine Ecke spielt. Versuchen Sie, die Richtung des Schlages zu erahnen, um dadurch einen winzigen Augenblick früher zum Ball gehen zu können. Sie gewinnen so etwas mehr Zeit zur Schlagvorbereitung, ja, u. U. können Sie sogar einen Volley spielen. Aber seien Sie auf der Hut: Der Gegner könnte Sie täuschen, und schon hat er Sie auf dem falschen Fuß erwischt.

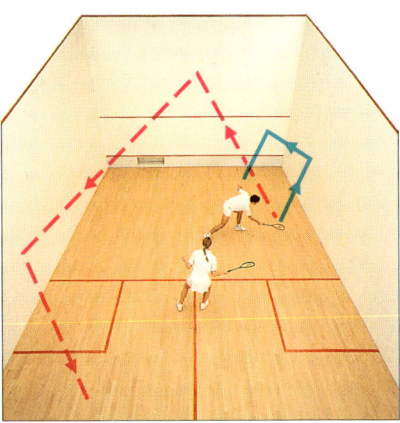

VORDERE ECKEN
Wenn Ihr Gegner vor Ihnen steht, ist es für Sie schwer zu erkennen, welchen Schlag er spielen wird. Bleiben Sie unbedingt auf dem T, aber seien Sie auch bereit, z. B. bei einem kurzen Boast (siehe S. 55) nach vorne zu kommen. Wenn möglich, strecken Sie sich lieber nach dem Ball als zu ihm zu laufen.

HINTERE ECKEN
Ein erfahrener Gegner könnte versuchen, Sie zu überlisten, indem er die Wände nutzt, um den Ball nach hinten zu spielen. Wenn der Schlag diagonal kommt, ist die Chance durchaus gegeben, an den Ball zu gelangen (blau).
Wenn er jedoch gut gespielt ist, werden Sie sich auf ihn zubewegen müssen. Trotzdem: Strecken Sie sich nach dem Ball, und verlassen Sie das T nur im Notfall.

DRUCK

Wenn es Ihnen gelungen ist, Ihren Gegner in die hintere Ecke zu zwingen, gibt Ihnen Ihre Stellung auf dem T eine reelle Siegchance. Sie könnten zwar mit einem Cross-Court konfrontiert werden, aber das ist ein für Ihren Gegner riskanter Schlag. Wahrscheinlicher ist ein Ball parallel zur Wand, mit dem Ihr Gegner Sie ebenfalls in eine Ecke drängen möchte. Hier ist ein Drop-Volley oder ein Diagonalschlag ins Nick das beste Gegenmittel. Ihr Gegner ist jetzt vollkommen in der Defensive.

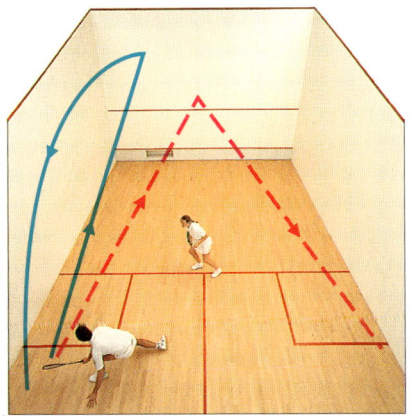

ABFANGEN
Setzen Sie Ihren Gegner unter Druck, indem Sie einen seitenparallelen Ball abzufangen versuchen.

KAPITEL
9

DIE SCHLÄGE

Bei jedem Ballwechsel müssen Sie sich eine Taktik bereitlegen,
wie Sie die Oberhand gewinnen können –
planen Sie deswegen immer schon einige Schläge im voraus.

BLICK •
Beobachten Sie Ihren
Gegner – Sie könnten
Hinweise auf den
nächsten Schlag
bekommen.

KONZENTRATION

Der Punkt in einem Ballwechsel gehört oft
dem Spieler, der einen Augenblick früher
den gewinnbringenden Schlag spielt, als es
sein Gegner vermag. Diesen entscheidenden Zeitvorsprung erhält man, indem man
sich in eine gute Position begibt, die Bewegungen des Gegners eingehend stu-
diert und so den richtigen Schlag zum
richtigen Zeitpunkt zu schlagen weiß.
Kehren Sie stets sofort zum T zurück,
und fahren Sie fort, den Gegner immer
genau im Auge zu behalten. Drehen
Sie sich nicht zu ihm um, wenn er
hinter Ihnen steht, denn das würde
Sie Ihre schlagbereite Haltung ko-
sten. Schauen Sie statt dessen über
Ihre Schulter, und bewahren Sie dabei einen festen Stand.

• **BLICK**
Beobachten Sie genau,
wie der Ball auf Ihren
Schläger trifft, und än-
dern Sie den Schlagwin-
kel im letzten Augen-
blick.

AUSWAHL AN SCHLÄGEN

Der Schlüssel zum erfolgreichen
Squash ist, den richtigen Schlag zum
richtigen Zeitpunkt zu wählen.
Wenn Ihr Gegner hinter Ihnen
steht, wäre ein Drop durchaus geeignet. Eine Alternative würde
sein, einfach eine Reihe von Bällen in die hintere Courthälfte zu
spielen, bis ein schwacher
Return Ihnen die Chance
zum Punktgewinn eröffnet.
Es ist wichtig, daß Sie Ihr
Spiel variabel gestalten, damit sich Ihr Gegner nicht
auf Sie einstellen kann und
nicht schon ständig dort
steht, wo der Ball dann
letztlich auch hinkommt.

ERGREIFEN SIE DIE INITIATIVE

Wenn Ihr Gegner den Ballwechsel zu dominieren beginnt, haben Sie zwei Möglichkei-
ten: Spielen Sie einen defensiven Schlag, der
Ihnen Zeit gibt, das T zu erobern, oder einen
Angriffsschlag, der den Ballwechsel sofort
entscheidet. Sie verdoppeln Ihre Siegchance,
wenn Sie eine Strategie wählen, die beide
Schlagarten verbindet. Würden Sie lediglich
in der Defensive bleiben, könnten Sie nur
gewinnen, falls Ihr Gegner einen leichten
Fehler macht. Sie erlangen die Initiative eher
wieder, wenn Ihre Schläge abwechselnd
offensiv und defensiv sind.

VERTEIDIGUNG
Wenn Sie förmlich in der Rückhandecke „festge-
nagelt" worden sind und Ihr Gegner unbedrängt
auf dem T steht, gibt es die klassische Möglichkeit,
einen tiefen seitenparallelen Ball zu spielen (blau).
Halten Sie den Ball so dicht wie möglich an der
Wand, damit er nicht frühzeitig angenommen werden kann. Wenn er dann hinten in der Ecke landet,
läßt sich ein Drive nur noch schwer spielen.

ANGRIFF
Ungenaue Schläge Ihres Gegners können Sie mit
Angriffsschlägen beantworten. Wenn ein Ball
hoch und weit aus der Vorhandecke abspringt,
bietet sich Ihnen eine Gelegenheit zum Volley,
mit dem Sie dann den Punkt sofort machen
können (blau). Spielen Sie den Volley, wann immer es geht, um Ihren Gegner in eine ungünstige
Position zu bringen.

REVERSE ANGLE
Benutzen Sie den Vorhand-Reverse-Angle, um den
Gegner in die falsche Richtung zu schicken.

GEWINNERSCHLAG

Es gibt zwei Wege, einen Ballwechsel zu
gewinnen: Entweder warten Sie, bis Ihr
Gegner einen Fehler macht, oder Sie spielen den sog. Gewinnerschlag. Aber solche
Schläge sind nicht leicht, denn wenn sie es
wären, würde sie ja jedermann jederzeit
schlagen. Es ist oft klüger, geduldig auf
seine Chance zu warten. Auf höchster
Ebene dauern Ballwechsel manchmal einige Minuten, in denen sich die Spieler gegenseitig belauern und auf Fehler des anderen warten. Eine beliebte Methode ist
es, den Gegner mit abwechselnd kurzen
und langen Bällen durch den Court laufen
zu lassen, in der Hoffnung, er würde sich
einmal mit einem Return verschätzen.

TIPS FÜR FORTGESCHRITTENE

Nachdem Sie die Grundlagen des Squashspiels kennengelernt haben, setzen Sie sie in die Praxis um.

Sie beherrschen jetzt die grundlegenden Kenntnisse des Squashspiels. Wenn Sie sich weiter verbessern wollen, sollten Sie häufig gegen eine Vielzahl von verschiedenen Gegnern antreten. Werden Sie Mitglied in einem Squashclub, der eine Rangliste führt und Punktspiele bestreitet. So treffen Sie regelmäßig auf Spieler Ihrer eigenen Spielstärke. Jeder dieser Gegner hat seine individuellen Stärken und Schwächen, was Ihnen hilft, Ihre Erfahrungen zu vertiefen und weiterhin an Ihrer Technik zu arbeiten. Nehmen Sie jedes Spiel gleich ernst: Seien Sie rechtzeitig auf dem Court, vernachlässigen Sie das Aufwärmen nicht, und geben Sie sich stets große Mühe. Weder Ihrem Gegner noch sich selbst tun Sie einen Gefallen, wenn Sie nur mit halbem Herzen bei der Sache sind. In einem Punktspiel oder während eines Turniers werden Sie gelegentlich auf Gegner treffen, die viel besser sind als Sie. Aber auch in einem solchen Match läßt sich viel über Fitneß, Schläge, Timing und Positionsspiel lernen. Beachten Sie jene Dinge besonders, die die Überlegenheit Ihres Gegners ausmachen. Sollten Sie eine vernichtende Niederlage erleiden, seien Sie nicht deprimiert – es ist noch kein Meister vom Himmel gefallen. Wenn Sie regelmäßig spielen, werden Erfolge sicher nicht ausbleiben.

PROFESSIONELLER RAT

Beobachten und lernen Sie von besseren Spielern. Ein erfahrener Trainer erkennt Ihre Schwächen und macht Sie auf Fehler in Ihrer Technik aufmerksam. Hören Sie auf Ratschläge, und setzen Sie sie in Ihrem nächsten Spiel um.

GESUNDHEIT

Vernünftiges Training und eine gesunde Ernährung
sind die Grundlagen für ein erfolgreiches Squash.

Jetzt, wo Sie die Grundlagen unseres schönen Sports kennengelernt haben,
ist es wichtig herauszufinden, wie man seinem Körper behilflich sein kann,
mit den Anforderungen, die ein regelmäßiges Spielen stellt, fertig zu werden.
Squash macht Sie fit, aber Sie sollten dazu beitragen, die Gefahren von Verletzungen und frühzeitiger Erschöpfung niedrig zu halten, indem Sie Ihren Körper
respektieren. Wenn Sie rauchen – hören Sie auf damit! Nehmen Sie gesundes,
nahrhaftes Essen zu sich. Gönnen Sie sich ausreichend viel Schlaf,
damit sich Ihre ermüdeten Muskeln und Gelenke ausruhen können.
Diese Maßnahmen werden Ihnen helfen, Ihr allgemeines Wohlbefinden
zu verbessern, und sie vermitteln Ihnen zudem
ein neues Lebensgefühl.

VERMEIDEN SIE VERLETZUNGEN

Spielen Sie nie Squash, wenn Sie sich krank
fühlen oder wenn ein schmerzendes Gelenk
Sie quält – Sie würden die Sache nur noch
verschlimmern. Wenn Sie sich z. B. erkältet
haben, ist Ihr Körper schwach und kann sich
nicht von den Anstrengungen erholen.
Durch ein Spiel werden Ihre Gelenkprobleme nur noch größer werden. Wenn Sie also
spielen, ohne sich wirklich fit zu fühlen, bedeutet dieses letztendlich nur, daß sich Ihre
Gesundung weiter verzögert.

BEHANDLUNG

Ein dumpfer, leichter Schmerz rührt wahrscheinlich von einer kleinen Muskelzerrung
her, die bei ausreichender Ruhe von selbst
heilt. Ein heftiger Schmerz in einem Muskel
bedeutet jedoch meist einen Riß, der von inneren Blutungen begleitet wird. Legen Sie sobald wie möglich eine kalte Kompresse auf
die Stelle, um die Blutung zu stoppen. Suchen Sie sofort einen Arzt auf.

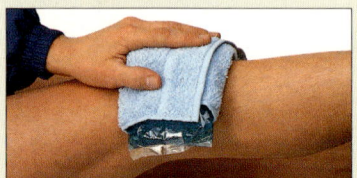

Eine kalte Kompresse stoppt innere Blutungen.

SCHULTER •
Ein heftiges
Schwingen kann
kalte Muskeln im
Schulter-,
Nacken- und
oberen Rückenbereich reißen
lassen.

**UNTERER
RÜCKEN** •
Ausfallschritte oder
Streckbewegungen
können Muskelzerrungen im unteren
Rückenbereich zur
Folge haben.

WADE •
Bei einem Ausfallschritt kann
es leider auch
zu einem Achillessehnenriß
kommen.

AUFHÖREN
Spielen Sie nicht weiter, wenn Sie meinen, sich
verletzt zu haben. Geben Sie Ihren Muskeln Zeit,
sich zu erholen, auch wenn die Verletzung nur
klein ist.

SPASS BEIM ÜBEN
Training in einem Fitneßstudio macht viel Spaß
und ist rundum gesund. Übertreiben Sie aber
nicht, denn zuviel Muskeln machen Sie langsam.

FIT BLEIBEN

Da ein Squashmatch durchaus einmal
zwei Stunden dauern kann, müssen die
Spieler auch fit sein. Ein sicherer Weg,
um Ausdauer zu entwickeln, sind regel-
mäßige aerobische Übungen. Sie verbessern nicht nur die Muskelspannkraft,
sie lassen den Körper auch mehr Sauer-
stoff aufnehmen und ihn dadurch wirkungsvoller arbeiten. Hervorragende
aerobische Übungen sind z. B. flottes
Wandern, Jogging und Schwimmen.
Solche oder ähnliche Übungen sollten
Sie dreimal in der Woche mindestens
zwanzig Minuten lang durchführen.

ERNÄHRUNG

Selten sehen Sie einen erfahrenen Spieler,
der übergewichtig ist. Das hat seinen Grund
zum Teil im Training, aber auch die
Ernährung spielt hierbei eine große Rolle.
Ein Sportler braucht viele Kalorien, die aber
vom richtigen Essen kommen müssen. Fett-
reiche und süße Sachen wie Kekse, Gebäck,
Kuchen, Süßigkeiten, gebratenes Fleisch
und Milchprodukte sollten gemieden oder
zumindest doch nur in Maßen genossen werden. Bevorzugt werden sollte solches Essen,
das wenig Fett hat, dafür aber um so mehr
Kohlehydrate, Vitamine und Ballaststoffe.
Zu solcher Ernährung gehören
Fisch, Vitamine, Obst, weißes
Fleisch (ohne Haut), Hülsenfrüchte, brauner Reis, Nudeln und Brot.

*Obst hat viele
wertvolle
Vitamine und
Mineralien.*

*Zitrusfrüchte
sind besonders
reich an Vita-
min C.*

*Gemüse
bietet
reichlich
lebenswichtige
Vitamine.*

*Fisch besitzt viel
Proteine und wenig
Fett.*

*Eier sind
eine gute
Quelle für
Proteine.*

*Nudeln decken
Ihren Lang-
zeitbedarf an
Energie.*

*Milch ist reich
an Kalzium.*

*Hülsenfrüchte
geben Ihnen viele
Ballaststoffe.*

LERNEN DURCH WETTBEWERB

Ihr Spiel wird besser, wenn Sie gegen bessere Spieler antreten.

Es ist keine gute Idee, immer nur gegen denselben Gegner anzutreten, denn Sie werden dessen Spielweise bald in- und auswendig kennen und so kaum noch Ihr eigenes Spiel verbessern können. Nehmen Sie es gegen möglichst viele Gegner auf, sei es in Punktspielen oder bei Turnieren, um sich so mit vielen Spielweisen vertraut zu machen und Vorstellungen zu bekommen, wie die eigene Technik verbessert werden könnte. Machen Sie sich nichts daraus, wenn Sie geschlagen werden – am Anfang sind Niederlagen fast unvermeidlich.

EINEM CLUB BEITRETEN

Squash hat an Beliebtheit enorm gewonnen. Es gibt heutzutage viele Squashcenter, wo Sie in einer angenehmen Umgebung zu vernünftigen Preisen spielen können. Viele solche Center bieten noch andere Sportmöglichkeiten wie Tennis und Schwimmen und oft auch ein Fitneß-Studio. Neben der Chance, gegen viele Gegner spielen zu können, gibt Ihnen eine Clubmitgliedschaft auch die Gelegenheit, über den Sport viele neue Freundschaften zu schließen.

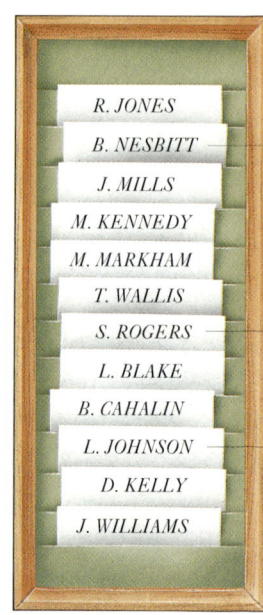

R. JONES
B. NESBITT
J. MILLS
M. KENNEDY
M. MARKHAM
T. WALLIS
S. ROGERS
L. BLAKE
B. CAHALIN
L. JOHNSON
D. KELLY
J. WILLIAMS

• *Wenn Nesbitt Jones herausfordert und gewinnt, geht er an die Spitze. Damit Jones wieder Erster werden kann, muß er jetzt Nesbitt herausfordern.*

• *Rogers kann von Blake oder Cahalin herausgefordert werden.*

• *Johnson kann Cahalin oder Blake herausfordern – in der Rangliste steht er vor dem Spieler, den er gerade geschlagen hat.*

GESELLIGKEIT
In vielen Clubs kann man sich nach einem Spiel an einer gemütlichen Bar entspannen. Von einigen lassen sich sogar andere Leute beim Spielen beobachten.

RANGLISTE
Fast jeder Club führt eine Rangliste. Sie dient dazu, Mitglieder zu ermutigen, oft zu spielen, um so herauszufinden, wer der Beste ist. Eine typische Rangliste erlaubt einem Spieler, die beiden vor ihm plazierten herauszufordern. Wenn der Herausforderer gewinnt, rückt er vor den Spieler, den er gerade geschlagen hat.

FORTGESCHRITTENES SPIEL

Fortgeschrittene Spieler können Squash auf höchstem Niveau spielen – und doch sieht es so einfach aus! Das liegt u. a. daran, daß sie fit sind, daß sie die goldene Regel „Kehre immer zum T zurück" befolgen und daß sie denken, bevor sie schlagen. Erst wenn Sie gegen einen wesentlich besseren Gegner antreten, werden Sie erkennen, wie wichtig diese Dinge für das fortgeschrittene Squash wirklich sind. Aber verzweifeln Sie nicht: Übung, Entschlossenheit und die Bereitschaft, sowohl von anderen Spielern als auch aus eigenen Fehlern zu lernen, werden Sie in diesem Sport weit voranbringen.

GEWINNEN UND VERLIEREN

Es heißt ja bekanntlich „Nichts schmeckt süßer als der Sieg und nichts bitterer als die Niederlage". Der kluge Spieler läßt sich in seinem Match weder von seiner letzten Niederlage noch von seinem letzten Sieg beeinflussen.

TURNIERE

Schon der bloße Gedanke, an einem Turnier teilzunehmen, schickt wahre Adrenalinstöße durch den Körper. Es ist gut möglich, daß Ihre Nerven Sie dann, wenn es darauf ankommt, im Stich lassen, andererseits könnte dieser Druck aber auch helfen, daß Sie förmlich aufblühen und zu einem gewieften Turnierspieler werden. Wie immer es bei Ihnen auch sein mag, Sie müssen unbedingt jedes einzelne Spiel ernst nehmen – Ihr Gegner wird eine laxe Einstellung bestrafen. Kommen Sie frühzeitig zum Court, wärmen Sie sich gründlich auf, haben Sie Vertrauen in Ihre eigene Stärke, und geben Sie Ihr Bestes.

GETEILTE FREUDE

Mein Vater ist stolz auf meine Erfolge, und ich meinerseits fühle mich durch sein Interesse und sein großes Vertrauen sehr geehrt.

TROPHÄEN

Für alle Spielstärken gibt es eine Vielzahl von Wettbewerben, bei denen der Gewinner eine Trophäe erhält. Wenn Sie also Silber lieben, sollten Sie kräftig üben.

• *Turnierpokal*

• *Jährliche Meisterplakette*   • *Sieger der Rangliste*

RACQUETBALL

Schnell und unterhaltsam: Racquetball erfreut sich rasch wachsender Beliebtheit.

Racquetball läßt sich leicht erlernen, aber es ist schwer, darin ein Meister zu werden. Schon beim allerersten Mal werden Sie Ihre Freude an diesem Sport haben, und Sie können ihn Ihr ganzes Leben lang betreiben, ohne ihn jemals langweilig zu finden. Für viele Anfänger ist Racquetball wegen seiner Einfachheit „Liebe auf den ersten Blick". Die große Stirnwand (das „Zielgebiet") ist leicht zu treffen, und das hohe Zurückprallen des Balles läßt auch einen absoluten Anfänger erfolgreich an einem Ballwechsel teilnehmen. Das Spieltempo ist auf Grund des gut springenden Balles enorm und erfordert viel Geschick und Raffinesse. Aber mit wachsender Erfahrung verfeinern sich die Methoden, einen Ballwechsel zu gewinnen, indem alle die Raffinessen, die Court, Schläger und Ball zu bieten haben, zum Tragen kommen. Von immer größerer Bedeutung wird jetzt die Spielstrategie, die die physische Kraft als spielentscheidenden Faktor immer mehr in den Hintergrund drängt. Wie beim Squash, so kann man auch beim Racquetball Spiele sowohl auf Wettbewerbsebene als auch zur bloßen Unterhaltung austragen. Wenn man vielleicht von der höchsten Ebene absieht, können Männer und Frauen chancengleich gegeneinander antreten. Selbst Kinder lieben diesen Sport wegen dessen Unkompliziertheit. Die Regeln (siehe S. 83) gelten für ein Match von zwei Spielern, obwohl durchaus auch drei oder gar vier gleichzeitig im Court sein können. Racquetball ist eine hervorragende Methode, in einer angenehmen und geselligen Umgebung etwas für seine Fitneß zu tun.

EIN SPORT FÜR JEDERMANN

Männer und Frauen, jung und alt können sich gleichermaßen an Racquetball erfreuen. Zur Ausstattung gehören: angemessenes Schuhwerk und Kleidung, ein Schläger, ein Ball, eine Schutzbrille und ein Handschuh. Wenn Sie so ausgerüstet sind, können Sie das Spiel von Anfang an genießen.

AUSRÜSTUNG

Die richtige Ausrüstung gewährleistet ein sicheres und unterhaltsames Spiel.

Bequemlichkeit und Sicherheit sind die beiden wesentlichen Gesichtspunkte, die es beim Kauf der richtigen Ausrüstung zu berücksichtigen gilt. Racquetball kann ein sehr schnelles und temperamentvolles Spiel sein, so daß Maßnahmen ergriffen werden müssen, die Verletzungen verhindern. Es ist ebenfalls wichtig, Kleidung zu tragen, die diesem dynamischen Spiel angemessen ist. Wie bei jedem Sport, bei dem man es mit Laufen zu tun hat, sind Schuhe von größter Wichtigkeit. Es gibt ein sehr breites Angebot an Schlägern und Bällen, aber es lohnt sich, das Beste, das man sich leisten kann, zu kaufen. Mit einer besseren Ausrüstung läßt sich nicht nur erfolgreicher spielen, sie hält meistens auch länger und ist somit auf Dauer sogar billiger.

SCHLÄGER UND BÄLLE

Ursprünglich wurde Racquetball mit Tennisschlägern gespielt, bei denen man einen Teil des Griffes abgesägt hatte, aber ihre Kopflastigkeit machte sie unhandlich. Dieses Problem wurde überwunden, indem man Schläger aus viel leichterem Material gebaut hat, wie z. B. aus Fiberglas, Aluminium und Graphit. Auch an den Bällen wurde gearbeitet, so daß man heute zwischen den ursprünglichen ohne Druck und den neueren, springfreudigeren aus Gummi mit Überdruck wählen kann.

• SCHLÄGERKOPF
Der große Schlägerkopf bietet eine größere Schlagfläche, aber trotzdem sollten Sie versuchen, den Ball immer mit der Schlägermitte zu treffen.

BÄLLE
Ein Ball mit Überdruck führt zu einem schnelleren Spiel und ist so mehr für einen erfahreneren Spieler geeignet. Anfänger sollten einen Ball ohne Überdruck wählen.

• GRIFF
Ein Griff aus Gummi oder Leder sorgt für gute Haltbarkeit und Feuchtigkeitsaufnahme.

• SCHLAUFE
Benutzen Sie immer eine Schlaufe, damit Ihnen der Schläger nicht aus der Hand gleiten und Ihren Gegner verletzen kann.

AUSRÜSTUNG

Die Kleidung, die Sie beim Racquetball tragen, darf Sie in Ihrer Bewegungsfreiheit nicht einschränken, und sie muß auch leicht genug sein, damit Ihnen nicht zu warm wird. Kleidungsstücke, die Feuchtigkeit aufnehmen, werden schwerer, je mehr Sie schwitzen, und sollten gemieden werden (siehe S. 10/11). Ihr Handschuh und Ihre Schutzbrille müssen von Beginn an gut sitzen – ständiges Herumhantieren während des Spiels ist für Sie und Ihren Partner störend. Wenn Ihre Schuhe neu sind, tragen Sie sie zu Hause ein, bis sie wirklich bequem passen.

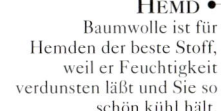

HEMD •
Baumwolle ist für Hemden der beste Stoff, weil er Feuchtigkeit verdunsten läßt und Sie so schön kühl hält.

SCHLAUFE •
Stecken Sie Ihr Handgelenk durch die Schlaufe, und drehen Sie den Schläger, bis die Schlaufe sicher, aber nicht zu fest sitzt.

• Ein Halteband sorgt für den perfekten Sitz.

SCHUTZBRILLE
Visier und Schutzbrille schützen vor Augenverletzungen. Sie sollten eng, aber nicht zu fest anliegen. Zumeist sorgt ein verstellbarer Gurt für einen angenehmen Sitz.

Visiere schützen Ihre Gläser.

ROCK •
Faltenröcke sind luftig und gestatten es den Frauen, ohne Behinderung zu laufen, sich zu bücken und zu strecken.

Fingerlose Handschuhe verringern Schweißbildung und verbessern das „Gefühl".

Fingerhandschuhe bieten einen guten Schutz.

HANDSCHUHE
Mit Racquetballhandschuhen können Sie den Schläger besser halten, weil er nicht mit der Feuchtigkeit Ihrer Haut in Berührung kommt. Fingerhandschuhe bieten den besten Schutz vor Blasen und Schmerzen bei einer wundgescheuerten Haut.

SOCKEN •
Dickere Socken vermindern das Risiko von Blasen; Baumwollsocken sind atmungsaktiv.

SCHUHWERK BEIM RACQUETBALL

Tragen Sie richtige Racquetballschuhe – die flachere Sohle vermindert die Gefahr einer Knöchelverletzung. Meiden Sie normale Turnschuhe mit hohem Fersenschutz, denn die mögen zwar für Langstreckenläufer nützlich sein, aber in einem Spiel wie Racquetball, bei dem es auf plötzliche Stopps und Starts ankommt, können sie Verletzungen hervorrufen. Meiden Sie auch abgetragene Sohlen, weil diese Ihnen überhaupt keine Standfestigkeit mehr geben – und ein Herumrutschen auf dem Court führt fast zwangsläufig zu Verletzungen. Ihre Schuhe halten am längsten, wenn Sie sie ausschließlich während des Spiels tragen.

Die Schuhsohle muß ein gutes Profil haben, um ein Ausrutschen zu verhindern.

Ein flacher Absatz hilft, Verletzungen zu vermeiden.

COURT UND REGELN

Die Ausmaße des Courts begünstigen ein schnelles und aufregendes Spiel.

Einer der Vorzüge des Racquetballs ist die Einfachheit seiner Regeln, was sich auch in der Konstruktion des Courts widerspiegelt. Zuschauergalerien bestimmen zwar oft, wieviel von der Rückwand und der Decke genutzt werden kann, aber die Grundform eines Courts bleibt immer dieselbe. Es gibt an den Wänden keine Markierungen, und sämtliche Seiten sowie die Decke können in das Spiel mit einbezogen werden. Die Bodenmarkierungen sind lediglich beim Aufschlag und bei der Annahme von Bedeutung. Die Regeln sind so abgefaßt, daß sie ein schnelles Spiel gestatten, in dem Kraft und Geschicklichkeit sich die Waage halten, das sicher und trotzdem sehr unterhaltsam ist. Die ungewöhnliche Springfreudigkeit des Balles läßt diesen auch bei einem relativ sanft ausgeführten Schlag weit fliegen. Er springt zudem sehr hoch ab, was Ihnen mehr Zeit für die Vorbereitung des nächsten Schlages gibt.

AUSMASSE

Der Court ist ein Rechteck von 12,20 m Länge, 6,10 m Höhe und 6,10 m Breite. Die Rückwand muß immer mindestens 3,66 m hoch sein. Es gibt folgende Bodenmarkierungen: die Short Line, die in der Courtmitte parallel zur Stirnwand verläuft, die Aufschlaglinie, die parallel zur Short Line liegt, und zwar in einem Abstand von 1,50 m in Richtung Stirnwand, die Aufschlagboxen, die gebildet werden durch Linien, die die Short Line und die Aufschlaglinie verbinden, und zwar 45,70 cm entfernt von den parallel verlaufenden Seitenwänden. Die Ballannahmelinie ist eine gedachte Linie, die manchmal durch zwei kurze Striche auf beiden Seiten am Boden angedeutet wird.

SCHNELL UND SPRINGFREUDIG

Die Springfreudigkeit des Balles bewirkt, daß sich das Geschehen zumeist in der hinteren Spielfeldhälfte abspielt. Ein vermeintlich leichter Schlag kann den Ball durch den gesamten Court und wieder zurück fliegen lassen.

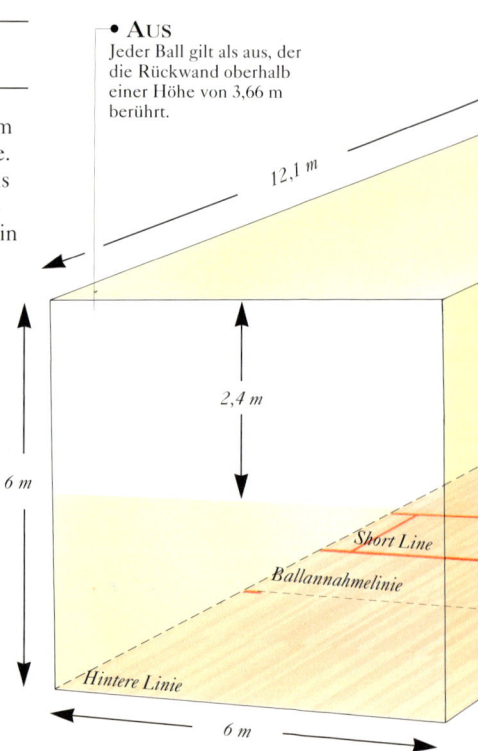

• AUS
Jeder Ball gilt als aus, der die Rückwand oberhalb einer Höhe von 3,66 m berührt.

12,1 m

2,4 m

6 m

Short Line

Ballannahmelinie

Hintere Linie

6 m

RACQUETBALLREGELN

Die Regeln gelten für ein Spiel mit zwei Teilnehmern. Bis zu vier Spieler können jedoch gleichzeitig auf dem Court sein.

• Der Aufschläger serviert aus der Aufschlagzone. Er muß den Ball einmal aufprallen lassen, bevor er ihn schlagen darf.

• Der Ball wird direkt gegen die Stirnwand gespielt, von der er, mit oder ohne Seitenwandberührung, über die Short Line fliegt. Erst dann darf er wieder auf den Boden prallen.

Alle Boden- und Wandmarkierungen gelten als verbindlich.

• Der Rückschläger muß 1,50 m hinter der Short Line stehen, bis der Ball diese überquert hat. Weder sein Schläger noch ein Teil seines Körpers dürfen diese Linie überschreiten, bevor sein Gegner nicht seinen ersten Return gespielt hat.

• Der Ball darf nur mit dem Schlägerkopf gespielt werden. Der Schlag kann ein- oder beidhändig ausgeführt werden.

• Wenn es zu einer unbeabsichtigten Behinderung kommt, wird der Ballwechsel ohne Strafpunkt wiederholt.

• Wird das Spiel ohne Grund um mehr als 10 Sekunden verzögert, erhält der Verursacher einen Strafpunkt.

• Unsportliches Verhalten wie Stoßen eines Gegenspielers oder mangelndes Bemühen, dem Gegner oder dessen Schläger aus dem Weg zu gehen, zieht Punktverlust nach sich. Wenn drei Strafpunkte für diese Art von Vergehen ausgesprochen worden sind, wird das Spiel abgebrochen und für den fehlbaren Spieler als verloren gewertet.

Schwünge müssen kontrolliert ausgeführt werden.

AUFSCHLAG

Der Aufschläger steht innerhalb der Aufschlagzone und bringt den Ball von sich aus nach rechts oder links ins Spiel. Während des Aufschlages postiert sich der Gegner hinter die Aufschlagzone. Ein Drive-Aufschlag darf nicht auf der Seite, auf der der Rückschläger steht, gespielt werden, wenn der Aufschläger dichter als 1 m an dieser Seitenwand steht.

Stirnwand

Aufschlaglinie

AUFSCHLAG-REGELN

Die Aufschlagregeln sind so abgefaßt worden, daß sie einen spielbaren Aufschlag in die hintere Spielfeldhälfte gewährleisten und den Anfang eines Ballwechsels ermöglichen.

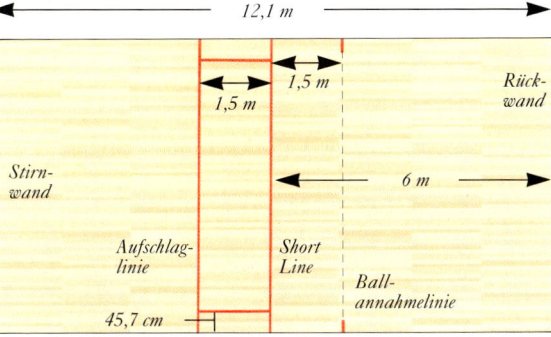

12,1 m

1,5 m

1,5 m

Rückwand

6 m

Stirnwand

6 m

Aufschlaglinie

Short Line

Ballannahmelinie

45,7 cm

Griffe und Schläge

Der korrekte Griff und ein gutes Schlagrepertoire sind die Voraussetzungen für erfolgreiches Racquetball.

•

Wie Squash, so ist auch Racquetball ein schnelles Spiel, bei dem der Ball
mit hoher Geschwindigkeit durch den ganzen Court fliegt.
Zu einem guten Spiel ist es notwendig, eine ganze Reihe von
Vor- und Rückhandschlägen zur Verfügung zu haben, um sich rasch und
erfolgreich veränderten Spielsituationen anpassen zu können.
Es ist ebenfalls wichtig, Kraft und Raffinesse einzusetzen, um sich
geschickt verteidigen oder wirkungsvoll angreifen zu können.
Grundlage für jeden Schlag ist die richtige Griffhaltung. Achten Sie darauf,
daß der Griff gut und sicher in Ihrer Hand liegt und daß Ihr Handschuh
ordentlich sitzt. Üben Sie abwechselnd den Vor- und Rückhandgriff,
bis Sie den Schläger ohne nachzudenken vor dem entsprechenden
Schlag stets richtig greifen.

Vorhand

Die meisten Spieler zeigen eine Vorliebe
für die Vorhand, weil ihnen dieser Schlag
natürlich erscheint. Es gibt eine Vielzahl
von Vorhandschlägen, angefangen vom
kraftvollen Drive über den raffinierten
Angle Shot bis hin zum defensiven Volley. Bei allen Schlägen muß folgendes
beachtet werden: Beobachten Sie den
Ball ganz genau, und führen Sie einen
flüssigen Auf- und Ausschwung durch.
Spielen Sie den Ball, wenn er kurz vor
Ihrem Körper ist, um damit viel Druck
und ein Maximum an Kontrolle zu erreichen. Wenn Sie den Ball erst später
schlagen, wird Ihr Schlag zumeist un-
genau und fehlerhaft sein.

ARM
Wenn Sie sich
nach dem Ball
strecken, be-
nutzen Sie zur
Balance
Ihren freien
Arm.

BEIN
Halten Sie eine
gewisse Span-
nung in Ihren
Beinen, damit
Sie sich schnell
bewegen kön-
nen.

GRIFF
Stellen Sie sich vor,
Sie schütteln Ihrem
Schläger die Hand.
Auf diese Weise um-
greifen Sie ihn mit der
typischen V-Form (sie-
he S. 24), d. h., der
Griff liegt genau in der
Mitte zwischen Dau-
men und Zeigefinger.
Letzterer wird so unter
den Schläger gelegt,
als ob er einen ima-
ginären Abzug bedie-
nen wollte.

SCHLÄGER
Um einen flüssi-
gen, gut kontrollier-
baren Schwung aus-
führen zu können,
muß der Ball kurz
vor dem Körper ge-
troffen werden.

FÜSSE
Stellen Sie Ihren
vorderen Fuß so auf
den Boden, daß Sie
mit ihm die Balance
wahren können,
wenn Sie sich in den
Schlag drehen.

RÜCKHAND

Die Rückhand wird häufig als eine besondere Schwachstelle angesehen, und viele Gegner werden versuchen, daraus Nutzen zu ziehen, indem sie die meisten ihrer Schläge auf die Rückhandseite spielen. Folglich haben Sie einen großen Vorteil gegenüber vielen anderen Spielern, wenn Sie Ihre Rückhand fleißig trainieren. Da bei diesem Schlag die Balance sehr wichtig ist, müssen Sie sich auf ihn rechtzeitig vorbereiten. Auf diese Weise haben Sie aber auch Zeit, eine korrekte Rückhand zu spielen und den dafür notwendigen Ausschwung auch zu vollenden, um Kontrolle über Ballrichtung und -geschwindigkeit zu gewinnen.

GRIFF

Um die Rückhand zu spielen, halten Sie den Schläger zunächst wie bei der Vorhand. Dann drehen Sie ihn so, daß die schmale Seite des Griffes in der Mitte vom sog. „V" liegt.

• SCHLÄGER
Lassen Sie den Schläger nach dem Schlag ausschwingen. Den Ball müssen Sie spielen, wenn dieser sich vor Ihrem vorderen Fuß befindet.

FÜSSE •
Seien Sie nach Ihrem Schlag bereit, sofort wieder loszulaufen.

KLASSISCHE DRIVES

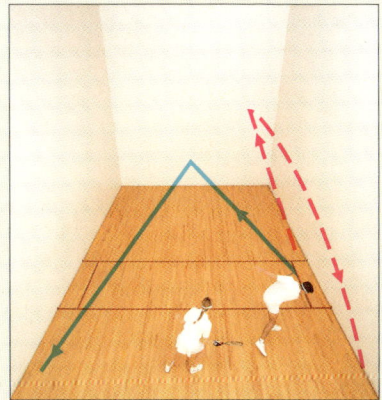

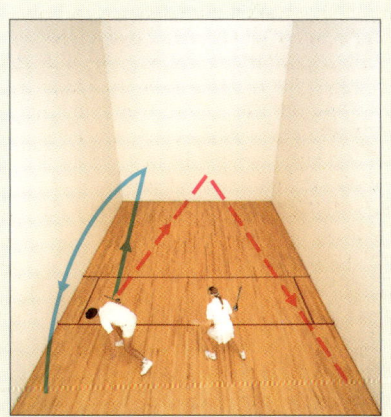

VORHAND
Spielen Sie einen Vorhand Drive diagonal (blau) oder parallel zur Wand. Wählen Sie einen solchen Winkel, daß der Ball weit entfernt vom Gegner landet und dieser damit in die Defensive gedrängt wird.

RÜCKHAND
Eine Rückhand entlang der Wand (blau) ist ein guter Angriffsschlag, da er – sofern mit Druck und mit entsprechendem Winkel gespielt – den Gegner zu einem Rückhand-Return zwingt.

AUFSCHLAG

Schon der erste Schlag eines Ballwechsels kann spielentscheidend sein.

Achten Sie darauf, daß der Aufschlag regelkonform ausgeführt wird (siehe S. 83) und daß er Sie für den nachfolgenden Ballwechsel in eine gute Spielposition bringt. Lernen Sie zunächst den Drive-Aufschlag, und üben Sie dann eine Reihe von Alternativen. Ihr Aufschlag sollte variabel sein, damit Ihr Gegner nicht schon im voraus weiß, welchen Schlag er zu erwarten hat. Es ist oft sehr hilfreich, sowohl Offensiv- wie auch Defensivaufschläge zu beherrschen. Wenn Ihr Gegner z. B. müde ist, sollten Sie einen druckvollen Aufschlag wählen, der ihn zwingt, hinter dem Ball herzulaufen.

DER NORMALE AUFSCHLAG

Der normale Aufschlag ist ein flacher Vorhand-Drive nach links oder rechts. Er sollte knapp oberhalb des Bodens auf die Stirnwand treffen und von dort in niedriger Höhe bis hinter die Short Line fliegen, wo er dann aufprallt. Zielen Sie in Richtung Seitenwand, um die Schlagmöglichkeiten Ihres Gegners zu verringern. Begeben Sie sich nach dem Aufschlag sofort in die Courtmitte.

• SCHLÄGER
Ihr Körper und Ihr Schläger müssen bereit sein, auf den Aufschlag angemessen zu reagieren.

ARM •
Gebrauchen Sie beim Aufschlag Ihren freien Arm, um Balance zu wahren.

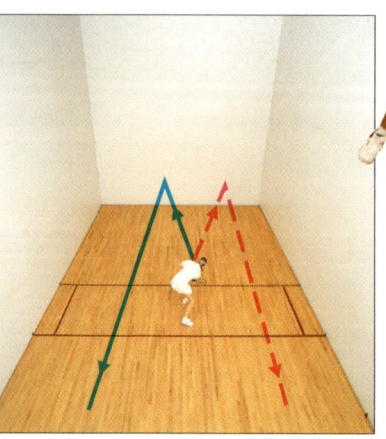

GRUNDÜBUNGEN
Finden Sie heraus, wie Sie den Ball schlagen müssen, damit er hart und flach von der Stirnwand in die hintere Spielfeldhälfte fliegt, ohne vorher aufzuprallen. Schläge nach links (blau) zwingen Ihren Gegner, eine Rückhand zu spielen.

NORMALER AUFSCHLAG
Der Aufschläger hat viel Zeit und Raum, sich ohne Druck auf seinen Aufschlag vorzubereiten. Nutzen Sie dieses, indem Sie sich auf Auf- und Ausschwung konzentrieren, um so die gewünschte Ballrichtung und -geschwindigkeit zu erzielen.

ALTERNATIVEN

Variationen in der Geschwindigkeit und Richtung sowie das Einbeziehen der Seitenwände können Ihr Repertoire an Aufschlägen erweitern, so daß Sie eine beträchtliche Anzahl von Eröffnungsschlägen zur Verfügung haben. Üben Sie aber lieber alleine und nicht während eines Matches, da man gerade in der Lernphase sehr leicht Fehler macht.

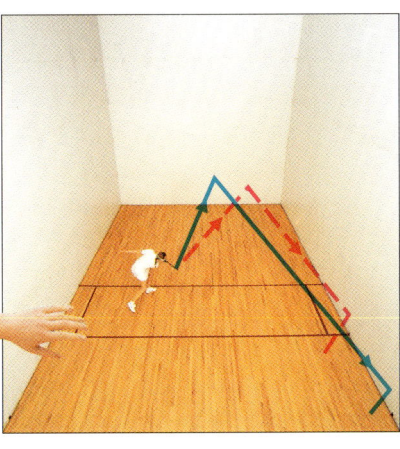

SCHLÄGER
Achten Sie darauf, daß Sie den Ball mit dem Schläger korrekt treffen.

ÜBUNGEN
Spielen Sie den Drive-Aufschlag über die Seitenwand. Je näher zur Rückwand der Ball auf die Seitenwand trifft, desto schwieriger wird es für Ihren Gegner, ihn zu retournieren.

ANGLE-AUFSCHLAG
Der Angle-Aufschlag wird flach diagonal durch den Court gespielt. Lassen Sie den Ball etwas weiter als gewöhnlich vom Körper weg aufprallen, so daß Sie mehr Platz haben, Ihren Schläger anzuwinkeln.

LOB-AUF-SCHLAG
Spielen Sie den Lob-Aufschlag mit der Rückhand, um so Ihren Gegner in die Defensive zu zwingen. Schlagen Sie den Ball nicht zu steil – er wäre sonst zu leicht zu retournieren.

SCHLÄGER
Führen Sie den Schläger nach oben, um dem Ball mehr Höhe zu geben.

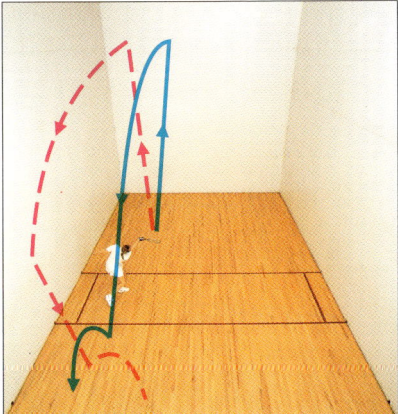

LOB-TRAINING
Der Lob-Aufschlag sollte die Stirnwand in etwa 4 bis 5 m Höhe treffen. Lassen Sie den Ball hoch aufprallen, und schlagen Sie ihn mit dem Schläger von unten. Der Ball sollte zweimal aufprallen, bevor er die Rückwand erreicht.

BESONDERE SCHLÄGE

Eine Auswahl von Schlägen, die die vorhandenen Winkel eines Courts ausnutzen.

Racquetball ist ein Spiel der Winkel. Ballwechsel werden gewonnen, wenn ein Spieler den Ball über die Ecken außerhalb der Reichweite des Gegners spielt. Zu einem siegbringenden Schlag gehören in erster Linie Richtung und Geschwindigkeit, aber das bedeutet nicht, den Ball einfach so hart wie möglich zu schlagen – machmal ist der langsamere Ball nämlich viel wirkungsvoller.

DER ERFOLG

Das Spiel ist beendet, wenn der Ball zweimal aufgeprallt ist. So bringt wohl fast jeder Ball, der flach gegen die Stirnwand geschlagen worden ist, den Punkt, sofern er vom Gegner wegfliegt. Das bedeutet, daß Sie bei der Wahl des möglichen Schlages die Stellung Ihres Gegners berücksichtigen müssen. Gewonnen haben Sie sicherlich auch, wenn Sie den Ball genau ins Nick spielen. Erfolgversprechend ist folgende Taktik: Halten Sie Ihren Schläger zunächst hoch, und gehen Sie, wenn der Ball kurz vor dem Aufprallen ist, runter zu einem tiefen Drive. Da Sie nicht wissen können, ob Ihr Schlag auch erfolgreich ist, sollten Sie so schnell wie möglich in die Spielfeldmitte zurückkehren.

GEGENÜBERLIEGENDE ECKEN

Wenn Ihr Gegner rechts von Ihnen steht, spielen Sie in die linke Ecke (blau). Das bedeutet, daß er einen weiten Weg zurücklegen muß und eventuell sogar zu spät kommt.

• BLICK
Schauen Sie genau, wohin Ihr Gegner den Ball spielt.

SCHLÄGER •
Schlagen Sie flach in die Ecke, um den Punkt zu machen.

SCHLÄGE ÜBER DIE DECKE

Die Regeln des Racquetballs erlauben es, den Ball gegen die Decke zu spielen. Besonders in der Defensive kann dieses nützlich sein, da Sie so Ihren Gegner nach hinten drängen können, ohne daß dieser den Ball vorzeitig schlagen kann. Spielen Sie nicht über die Decke, wenn Sie vor Ihrem Gegner stehen.

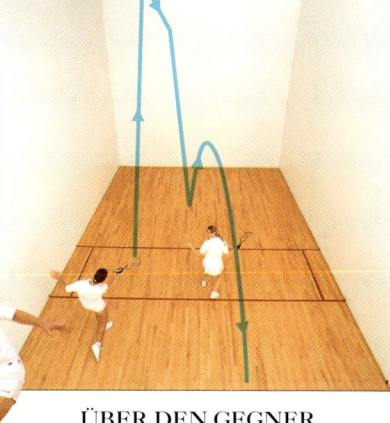

• *Schauen Sie über Ihre Schulter*

Gehen Sie unter den Ball •

ÜBER DEN GEGNER HINWEG

Wenn Ihr Gegner in der Aufschlagzone steht, lassen Sie den Ball hoch über ihn hinwegspringen (blau). Stellen Sie sich hinter die Short Line, und zielen Sie auf einen Punkt an der Decke, etwa 1 m vor der Stirnwand. Der Ball wird von der Decke an die Stirnwand prallen, von dort aus ins vordere Feld und schließlich in die hintere Spielfeldhälfte. Je dichter an der Stirnwand der Ball die Decke trifft, desto weiter nach hinten wird er prallen.

ÜBER DIE WÄNDE

Die Springfreudigkeit des Balles bringt es mit sich, daß Sie ihn ohne große Mühe diagonal durch den Court schlagen können. Wenden Sie diesen Schlag an, um Ihren Gegner nach hinten zu drängen und um selbst wieder die Position hinter der Aufschlagzone einzunehmen.

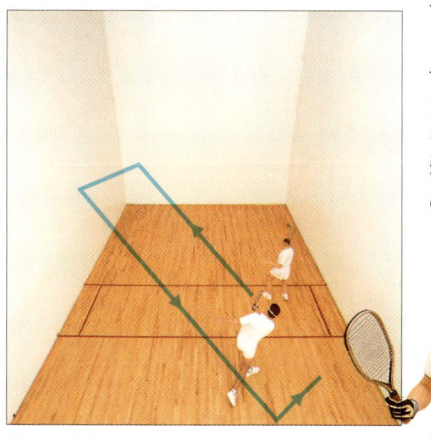

• *Konzentrieren Sie sich auf Ihren Gegner*

Benutzen Sie • *die Winkel des Courts*

KRAFT UND GENAUIGKEIT

Wenn Sie in die Tiefe des Courts spielen wollen, sollten Sie Ihren Gegner auf keinen Fall vorzeitig an den Ball kommen lassen. Versuchen Sie deshalb, wenn möglich, kräftig und präzise zu schlagen. Spielen Sie den gewünschten Punkt über drei Wände an, und denken Sie daran, Ihrem Gegner nach dem Schlag nicht im Weg zu stehen.

TAKTIK

Köpfchen ist für gutes Racquetball genauso wichtig wie Muskelkraft.

•

Racquetball ist ein Spiel um Raumgewinn. Wenn Sie sich eine starke Position sichern und Ihren Gegner in eine schlechte manövrieren können, haben Sie alle Chancen, den Ballwechsel mit einem einzigen, gut gezielten Schlag zu beenden. Es ist deshalb für die Planung der eigenen Taktik entscheidend, zu wissen, wo der Gegner sich befindet, was er gerade macht und was er wohl demnächst tun wird. Passen Sie sich jeder veränderten Situation schnell an.

POSITIONSSPIEL

Die beste Position befindet sich im Zentrum des Courts, gleich hinter der Short Line, die ja die hintere Linie der Aufschlagzone bildet. Wie das T beim Squash, so ist hier der ideale Ort, von dem man alle Punkte gleich schnell erreicht. Beim Racquetball dreht sich vieles darum, eben diese Position zu erobern. Wenn Sie das geschafft haben, wählen Sie den Schlag, mit dem Sie die Initiative ergreifen und den Ballwechsel dominieren können.

ENTFERNTE ECKE

Eine Methode, den Gegner laufen zu lassen, ist, in die Ecke zu spielen, von der er am weitesten entfernt ist. Benutzen Sie die Winkel des Courts, um den Ball an die gewünschte Stelle zu bekommen.

• SEIEN SIE VORBEREITET
Wenn Sie der Rückschläger sind, versuchen Sie den Schlag Ihres Gegners zu erahnen. Halten Sie den Schläger hoch, und bewegen Sie sich rechtzeitig.

SCHLÄGER •
Ändern Sie beim Schlagen den Winkel des Schlägerkopfes erst im letzten Moment, um so den Gegner zu täuschen.

• ARM
Benutzen Sie Ihren freien Arm, um beim Schlag die Balance zu wahren.

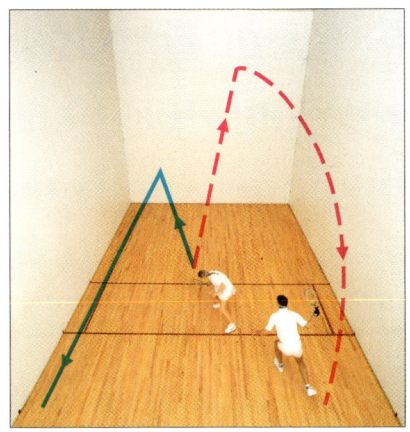

RÜCKHANDMÖGLICHKEITEN

Mit der Rückhand lassen sich druckvolle Drives oder gefühlvolle Lobs schlagen. Spielen Sie jeweils den Ball, der der Situation angemessen ist, aber variieren Sie Ihr Spiel so gut es geht. Schläge gegen die Stirnwand sind nicht risikolos, weil sie oft flach gehalten werden und deshalb leicht den Boden berühren können. Treiben Sie den Ball weit nach hinten, damit Ihr Gegner in der Defensive bleibt.

HART UND FLACH

Ein schneller Ball in die vom Gegner entfernte Ecke kann den Punktgewinn bedeuten, wenn er flach geschlagen wird oder ins Nick trifft.

CROSS-COURT-ANGLES

Der Ball fliegt mit derart hoher Geschwindigkeit, daß man ihn, ohne daß er aufprallt, über drei, ja sogar vier Wände spielen kann. Solche Schläge ändern mehrere Male ihre Richtung und machen es somit dem Gegner sehr schwer, die richtige Stellung für einen Return zu finden. Wenden Sie diesen Schlag an, um Ihren Gegner an der Rückwand „festzunageln".

VON ECKE ZU ECKE

Schlagen Sie hart in die vordere rechte Ecke, und der Ball wird in die linke hintere Ecke abspringen (blau) – eine schwere Aufgabe für Ihren Gegner!

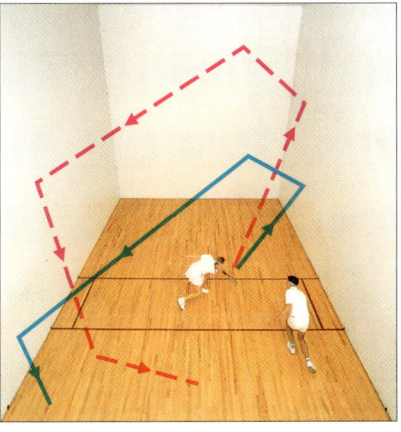

VORHAND-KILLER

Wenn Ihr Gegner vor Ihnen steht, kommen Sie trotzdem von der Defensive in die Offensive, wenn Sie ihn an die Seitenwand drängen. Er kann sich erst wieder zur Platzmitte begeben, nachdem der Ball an ihm vorbei Richtung Stirnwand geflogen ist. Wenn Sie diesen Schlag so anwinkeln, daß er entlang der gegenüberliegenden Seitenwand zurückspringt, muß Ihr Gegner sehr schnell viel Raum überwinden, um noch an den Ball zu kommen.

VON VORNE NACH HINTEN

Schlagen Sie den Ball hart, um ihn in die hintere Spielfeldhälfte zu bringen. Verhindern Sie, daß der Gegner diesen Schlag unterbinden kann. Halten Sie den Ball flach, um ihn schnell ein zweites Mal aufprallen zu lassen (blau).

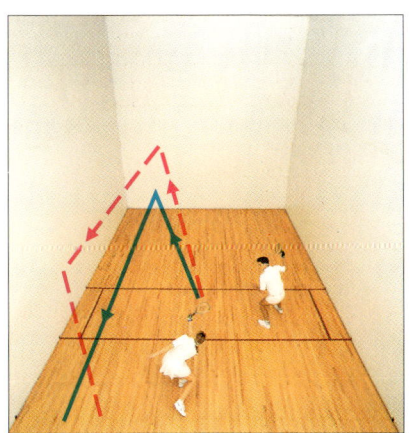

BEGRIFFSERLÄUTERUNGEN

Worte in *Kursivdruck* sind Querverweise

A

• **Angle Shot** Ein Schlag, bei dem der Ball zuerst die Seitenwand und dann die Stirnwand trifft bzw. umgekehrt.
• **Aufschlag** Der erste Schlag eines *Ballwechsels*. Der Aufschläger, der mit mindestens einem Fuß im *Aufschlagviereck* stehen muß, spielt den Ball gegen den Bereich der Stirnwand, der von *Auslinie* und *Aufschlaglinie* begrenzt wird. Der Ball muß dann in das Feld des Rückschlägers prallen.
• **Aufschlaglinie** Eine rote Markierung an der Stirnwand. Der Ball muß beim *Aufschlag* die vordere Wand oberhalb dieser Linie treffen.
• **Aufschlagviereck** Der Aufschläger muß beim *Aufschlag* mit mindestens einem Fuß in einem der beiden Vierecke, die auf dem Boden markiert sind, stehen.
• **Aufschlagzone** Der Bereich eines Racquetballcourts, in dem der Aufschläger beim *Aufschlag* stehen muß. Diese Zone wird begrenzt durch die *Aufschlaglinie* und die *Short Line*.

Rückhand-Drive

A

• **Auslinie** Die rote Wandmarkierung, die die obere Begrenzung aller vier Seiten bildet. Ein Ball, der sie berührt oder oberhalb dieser an die Wand trifft, ist „aus".

B

• **Ballwechsel** Die Zeit, in der der Ball ständig gespielt wird. Ein Ballwechsel wird durch einen Fehler eines der Spieler beendet.
• **Behinderung** Es gibt zwei Arten der Behinderung: Entweder wird ein Spieler durch den anderen oder dessen Schläger berührt, oder der Gegner steht so im Wege, daß ein Erreichen des Balles unmöglich wird.
• **Boast** Ein defensiver *Angle Shot*, der über die Seiten- oder Rückwand an die Stirnwand gespielt wird.

C

• **Cross-Court** Ein diagonal durch den Court geschlagener Ball.

D

• **Drive** Ein mit Vor- oder Rückhand druckvoll gespielter Ball. Er wird tief, höchstens in Kniehöhe, direkt nach dem Aufspringen geschlagen.
• **Drop** Ein Angriffsball, der meist gleich nach dem Aufspringen oder als Volley gespielt wird. Er wird mit sehr wenig Druck geschlagen und sollte im Idealfall knapp oberhalb des *Tin* die Stirnwand treffen und von dort „tot" ins *Nick* fallen.

E

• **Einspruch** Nach einem *Ballwechsel* kann ein Spieler Einspruch einlegen, wenn er der Meinung ist, daß der Gegner einen Fehler begangen hat.

F

• **Flick** Ein Schlag, bei dem der Ball mehr durch eine Handgelenksbewegung als durch ein vollständiges Auf- und Ausschwingen gespielt wird.

H

• **Halbvolley** Ein Schlag, der ganz kurz nach dem Aufspringen des Balles auf dem Boden gespielt wird.

K

• **Kill** Ein aggressiver Schlag, der flach und hart gespielt wird und so den Punktgewinn bringt.
• **kurzer Ball** Ein Schlag, bei dem der Ball nach Berührung der Stirnwand in kurzer Entfernung von dieser auf den Boden prallt.

L

• **Länge** Der Ball springt erst ganz hinten im Court auf.
• **Let** Die Wiederholung eines *Ballwechsels*.
• **Lob** Wenig druckvoll ausgeführter Schlag, der über den Kopf des Gegners erst weit in der hinteren Courthälfte aufkommt.

M

• **Mittellinie** Eine rote Bodenmarkierung, die von der Mitte der Rückwand bis zur Mitte der *Querlinie* verläuft.

N

• **Nick** Die Fuge zwischen Wand und Boden.

Q

• **Querlinie** Eine rote Bodenmarkierung. Sie verläuft parallel zur Stirnwand und teilt den Court in eine vordere und eine hintere Hälfte. Beim *Aufschlag* muß der Ball über diese Linie hinwegfliegen, um gültig zu sein.

R

• **Reverse Angle** Ein Schlag, der diagonal durch den Court in die dem Gegner entferntere Ecke gespielt wird und dabei zunächst die Seitenwand berührt.

S

• **Short Line** Linie beim Racquetball, siehe *Querlinie*.
• **Skid Boast** Ein Ball, der die Seitenwand hoch und in Stirnwandnähe trifft. Über die Seitenwand fliegt der Ball dann in die vom Gegner entfernte hintere Ecke.
• **Slice** Der Ball wird „geschnitten", indem man den Schläger schräg unter ihn führt. Der Ball bekommt somit viel Effet.

T

• **T** Die Mitte des Courts. Hier berühren sich *Mittel-* und *Querlinie*.

• **Täuschen** Eine Technik, mittels derer der Gegner lange im unklaren über den tatsächlichen Schlag gehalten wird.
• **Tiefe** Ein Schlag, der weit in die hintere Courthälfte gespielt wird.
• **Tin** Auch das „Brett" genannt. Der 0,48 m hohe untere Bereich der Stirnwand, den kein Ball berühren darf.

V

• **Vibrationsstopper** Kleine Scheiben, die in der Mitte des Schlägerkopfes angebracht sind und die die Vibration der Saiten z. T. absorbieren.
• **Volley** Jeder Return, der gespielt wird, bevor der Ball den Boden berührt hat.

Z

• **Zählweise** Ein Spiel endet, wenn einer der Spieler 9 Punkte erreicht hat. Beim Spielstand von 8 : 8 kann der Rückschläger entscheiden, ob bis 9 oder 10 Punkte weitergespielt werden soll. Punkte kann jeweils nur der Aufschläger erzielen. Es besteht die Möglichkeit, daß sowohl Auf- als auch Rückschläger Punkte erzielen können. Ein Spiel endet dann bei 15 Punkten. Beim Spielstand von 14 : 14 entscheidet wiederum der Rückschläger, ob man zum Sieg 15 oder 16 Punkte benötigen muß.

Tiefer Volley

STICHWORTVERZEICHNIS

— NÜTZLICHE ADRESSEN —

Deutscher Squash- und Racketverband e. V.
Weidenweg 10 · 47059 Duisburg
Tel. 02 03/31 50 75

S. R. Landesverband Hamburg e. V.
Eilbeker Weg 30 · 22089 Hamburg
Tel. 0 40/20 68 69

A D H · Geschäftsstelle
Spreestraße 9 · 64295 Darmstadt

Fotografische Arbeiten:
Matthew Ward, Christina Dormier-Valentin
und Martin Breschinski

Squashdiagramme:
Alistair Wardle und Alison Donovan

Farbige Illustrationen:
Janos Marffy

Bildnachweise:
Colorsport; Andrew Cowie S. 15 (unten rechts),
Stephen Line S. 77 (oben links und Mitte)